U0050824

冷戰後美國的南亞政策

U. S. Policy toward South Asia in the Post-Cold War Ear

周煦／著

「亞太研究系列」總序

　　「二十一世紀是亞太的世紀」，這句話不斷地被談起，代表著自信與驕傲。但是亞太地區絕非如此單純，未來發展亦非一定樂觀，它的複雜早已以不同形態呈現在世人面前，在開啟新世紀的同時，以沉靜的心境，深刻的瞭解與解決亞太區域的問題，或許才是我們在面對亞太時應有的態度。

　　亞太地區有著不同內涵的多元文化色彩，在這塊土地上有著天主教、基督教、佛教、回教等不同的宗教信仰；有傳承西方文明的美加澳紐、代表儒教文明的中國、混合儒佛神教文明的日本，以及混雜著不同文明的東南亞後殖民地區。文化的衝突不只在區域間時有發生，在各國內部亦時有所聞，並以不同的面貌形式展現它們的差異。

　　美加澳紐的移民問題挑戰著西方主流社會的民族融合概念，它反證著多元化融合的觀念只是適用於西方的同文明信仰者，先主後從、主尊客卑、白優黃劣仍是少數西方人面對東方移民時無法拋棄的心理情結。西藏問題已不再是單純的內部民

族或政經社會議題，早已成為國際上的重要課題與工具。兩岸
中國人與日韓三方面的恩怨情仇，濃得讓人難以下嚥，引發的
社會政治爭議難以讓社會平靜。馬來西亞的第二代、第三代，
或已經是第好幾代的華人，仍有著永遠無法在以回教為國教的
祖國裏當家作主的無奈，這些不同的民族與族群問題，讓亞太
地區的社會潛伏著不安的危機。

　　亞太地區的政治形態也是多重的。有先進的民主國家；
也有的趕上了二十世紀末的民主浪潮，從威權走向民主，但
其中有的仍無法擺脫派系金權，有的仍舊依靠地域族群的支
持來建構其政權的合法性，它們有著美麗的民主外衣，但骨
子裏還是甩不掉威權時期的心態與習性；有的標舉著社會主
義的旗幟，走的卻是資本主義的道路；有的高喊民主主義的
口號，但行的卻是軍隊操控選舉與內閣；有的自我認定是政
黨政治，但在別人眼中卻是不折不扣的一黨專政，這些就是
亞太地區的政治形態寫照，不同地區的人民有著不同的希望
與訴求，菁英分子在政治格局下的理念與目標也有著顯著的
差異，命運也有不同，但整個政治社會仍在不停的轉動，都
在向「人民為主」的方向轉，但是轉的方向不同、速度有快
有慢。

　　亞太地區各次級區域有著潛在的軍事衝突，包括位於東
北亞的朝鮮半島危機；東亞中介區域的台海兩岸軍事衝突；以
及東南亞的南海領土主權爭議等等。這些潛在的軍事衝突，背
後有著強權大國的利益糾結，涉及到複雜的歷史因素與不同的

國家利害關係,不是任何一個亞太地區的安全機制或強權大國可以同時處理或單獨解決。在亞太區域內有著「亞太主義」與「亞洲主義」的爭辯,也有著美國是否有世界霸權心態、日本軍國主義會否復活、中國威脅論會否存在的懷疑與爭吵。美國、日本、中國大陸、東協的四極體系已在亞太區域形成,合縱連橫自然在所難免,亞太地區的國際政治與安全格局也不會是容易平靜的。

相對於亞太的政治發展與安全問題,經濟成果是亞太地區最足以自豪的。這塊區域裏有二十世紀最大的經濟強權,有二次大戰後快速崛起的日本,有七〇年代興起的亞洲四小龍,八〇年代積極推動改革開放的中國大陸,九〇年代引人矚目的新四小龍。這個地區有多層次分工的基礎,有政府主導的經濟發展,有高度自由化的自由經濟,有高儲蓄及投資率的環境,以及外向型的經濟發展策略,使得世界的經濟重心確有逐漸移至此一地區的趨勢。有人認為在未來世界區域經濟發展的趨勢中,亞太地區將擔任實質帶領全球經濟步入二十一世紀的重責大任,但也有人認為亞洲的經濟奇蹟是虛幻的,缺乏高科技的研究實力、社會貧富的懸殊差距、環境的污染破壞、政府的低效能等等,都將使得亞洲的經濟發展有著相當的隱憂。不論如何,亞太區域未來經濟的發展將牽動整個世界,影響人類的貧富,值得我們深刻的關注。

在亞太這個區域裏,經濟上有著統合的潮流,但在政治上也有著分離的趨勢。亞太經合會議(APEC)使得亞太地區

各個國家的經濟依存關係日趨密切，太平洋盆地經濟會議（PBEC）、太平洋經濟合作會議（PECC），也不停創造這一地區內產、官、學界共同推動經濟自由與整合的機會。但是台灣的台獨運動、印尼與東帝汶的關係、菲律賓與摩洛分離主義……使得亞太地區的經濟發展與安全都受到影響，也使得經濟與政治何者為重，群體與個體何者優先的思辨，仍是亞太地區的重要課題。

亞太地區在國際間的重要性日益增加，台灣處於亞太地區的中心，無論在政治、經濟、文化與社會等各方面，均與亞太地區有密切的互動。近年來，政府不斷加強與美日的政經關係、尋求與中國大陸的政治緩和、積極推動南向政策、鼓吹建立亞太地區安全體系，以及擬將台灣發展成亞太營運中心等等，無一不與亞太地區的全局架構有密切關係。在現實中，台灣在面對亞太地區時也有本身取捨的困境，如何在國際關係與兩岸關係中找到平衡點，如何在台灣優先與利益均霑間找到交集，如何全面顧及南向政策與西向政策，如何找尋與界定台灣在亞太區域中的合理角色與定位，也都是值得共同思考的議題。

「亞太研究系列」的出版，表徵出與海內外學者專家共同對上述各類議題探討研究的期盼，也希望由於「亞太研究系列」的廣行，使得國人更加深對亞太地區的關切與瞭解。本叢書由李英明教授與本人共同擔任主編，我們亦將竭盡全力，為各位讀者推薦有深度、有分量、值得共同思考、觀察與研究的

著作。當然也更希望您們的共同參與和指教。

張 亞 中

1997 年 9 月

自　序

　　就地理上而言，南亞指的是印度次大陸及鄰近島嶼。它包括的國家有印度、巴基斯坦、孟加拉、斯里蘭卡、尼泊爾、不丹和馬爾地夫。南亞是具有共同文化特色的地區[1]。惟就美國外交而言，南亞地區最重要的國家是印、巴兩國。此乃因兩國對美國的南亞利益密切相關。美國希望改善與南亞國家，尤其是印、巴兩國的關係，擴大在國際政治和軍事上的合作。印、巴兩國是南亞的主要國家，美國如能與之建立堅強而友好的關係，則可與之合作穩定南亞的情勢，一個立場溫和而政治民主的巴基斯坦則可協助維持南亞和中東回教世界的安定。

　　南亞在美國全球外交上的重要性不及歐洲、東北亞及中東，而與南美洲及東南亞處於相等的地位。惟因印、巴兩國三度發生戰爭，雙方迄今仍因喀什米爾之爭議而常常出現緊張情

---

[1] Richard P. Cronin, Barbara Leitch LePoer, "South Asia: U.S. Interest and Policy Issue," *CRS Report for Congress*, (Feb 12, 1993): 1.

勢,加以皆已發展核武及中程飛彈。美國不僅擔心印、巴兩國
會發生核子大戰,亦求防止核武和飛彈的進一步擴散。換言
之,在美國全球防阻大規模核武擴散政策方面,南亞居於非常
重要的地位。

本書的基本假設是:(1)在後冷戰時期,美國對南亞各國
的政策勢必作若干調整;(2)美國對南亞的政策雖然會作一些
調整,但是仍有其持續性。因此,本書的主要目的即在探討後
冷戰時期美國南亞政策的改變與持續,以及改變和持續的原
因。

本書採用的主要研究方法,是歷史分析法和文獻分析
法,藉由史料、美國政府文獻,和學者專家及報章的有關資料,
整理分析美國對南亞的政策內涵,探討影響政策改變或持續的
背景因素,以及該政策對國際局勢的可能影響。

本書分為八章。第一章介紹南亞各國的地理、人文和經濟
概況,特別介紹印度和巴基斯坦爭奪喀什米爾的背景;第二章
說明美國在南亞的主要利益;第三章簡述冷戰時期美國的南亞
政策;第四章說明布希政府對南亞採取的政策;第五章說明柯
林頓政府的南亞政策;第六章探討印、巴兩國的核武和飛彈競
賽的原因、經過和國際反應;第七章分析柯林頓訪問南亞的目
的及成果;第八章除了分析影響美國南亞政策的因素,並總結
本書各章的主要論點外,亦試圖展望美國南亞政策的未來發
展。

國內對南亞的研究很少,本書是著者對美國外交政策研究

的一系列著作之一，希望有助讀者對美國的外交政策和南亞情
勢之瞭解。筆者才疏識淺，缺漏錯誤之處，尚祈方家不吝指正。
筆者感謝蘇俊翔、吳智賢、吳秉恆、石舫亘等同學協助蒐集和
整理資料，尤其吳智賢同學認真整理核對文稿，使本書得以順
利完成。

周　　煦

誌於政治大學外交系

2002 年 10 月 30 日

目　錄

第一章
南亞概況

　　南亞包括印度、巴基斯坦、孟加拉、斯里蘭卡、尼泊爾、不丹和馬爾地夫六國。六國之中，印度是最大的國家。印度的面積有 3,287,500 平方公里，人口 1,014,003,817 人[1]，全國生產總額為 4,473 億美元[2]，年成長率 6.5%，平均國民所得是 450 美元。巴基斯坦的面積是 803,904 平方公里，人口是 141,533,775 人，全國生產總額達 582 億美元，年成長率 4%，平均國民所得 470 美元。斯里蘭卡面積有 65,610 平方公里，人口 19,238,575 人，國民生產總額是 160 億美元，成長率 4.3 %，平均國民所得是 820 美元。尼泊爾面積有 140,800 平方公里，人口達 24,702,219 人，全國生產總額是 50 億美元，年成長 3.9%，平均國民所得 220 美元。不丹面積是 47,000 平方公里，人口 2,005,222 人，全國生產總額 4 億 4 千萬美元，年成長率 7%，平均國民所得是 510 美元。馬爾地夫面積 300 平方公里，人口 301,475 人，全國生產總額 5,820 萬美元，年成長率 4%，平均國民所得 1160 美元。

　　印度大多數人屬於印歐語系的亞利安種，但是語言非常分歧，多達一千六百種，全國通行的官方語是英文，各省則以地方語為其官方語。宗教上，83% 的人民信奉印度教，11% 是回教徒（人數僅次於印尼、巴基斯坦及孟加拉），其餘則包括

---

[1] 南亞各國人民統計止於二〇〇〇年七月，資料來自美國中情局網址 http://www.odci.gov/cia/publications/factbook/index.html。

[2] 南亞各國的經濟統計止於一九九九年，資料來自亞洲開發銀行網址 http://www.adb.org/Economics/default.asp，以及世界銀行網址 http://www.worldbank.org/data/wdi/home.html。

基督教、錫克教等教徒。

　　巴基斯坦人種主要為亞利安種，一半人民操旁遮普語（Punjabi），其他語言包括普什圖語（Pushtu）、辛德語（Sindhi）、沙拉克語（Saraki）、巫多語（Urdu）、俾路支語（Baluchi）等。回教是國教，95%人民為回教徒，另有基督教徒和印度教徒。

　　孟加拉人中98%屬於孟加拉種族，操孟加拉語，86%是回教徒，其餘是印度教徒。斯里蘭卡官方語言是僧迦羅語（Sinhale）和坦米爾語（Tamil），人口中74%是僧迦羅人，18%是坦米爾人，7%是摩爾人。宗教上，69%是佛教徒，基督徒和回教徒各占8%[3]。

　　南亞國家宗教和宗派的分歧是政局動亂和分離運動的根源。例如斯里蘭卡的坦米爾人自七〇年代以來，以武力要求獨立，迄今仍未平息；巴基斯坦的辛德人與俾路支人亦對中央政權不滿而有分離傾向。印度的錫克教徒以恐怖暴力行為爭取獨立，在旁遮普省引發嚴重的衝突。

　　錫克教徒占該省人口的60%，其餘是印度教徒。衝突起源於一九四七年有著南亞穀倉之稱的旁遮普省一分為二，分別屬於印度和巴基斯坦，導致其經濟崩潰及數百萬回教徒逃往巴基斯坦的旁遮普，同等數量的錫克教徒及印度教徒也逃亡到印

---

[3]　各項資料取自 *Political Handbook of the World 1999*。

度的旁遮普省來。一個結合了錫克教徒的勤奮和印度政府的電力、灌溉及新種子方面的投資，加上美國的援助，使得該省成為印度「綠色革命」的中心。除了該地區相對繁榮的因素外，錫克教徒也不滿與其他省分共享水源，因此區域自治和宗教認同快速成長。錫克教徒的內部分歧和印度歷任政府的政治操作，使得政治分歧日益擴大。早期錫克教徒主流要求在印度聯邦內有更多的自治，到了一九八○年代基本教義團體以暴力手段要求獨立，並以恐怖主義及恐嚇來追求其目標。

　　印度軍隊在一九八四年五月攻擊錫克教徒在阿米利薩（Armritsar）的金廟（Golden Temple），導致錫克民兵對政府軍展開「聖戰」。同年十一月，印度總理甘地夫人被其錫克隨扈刺殺，並導致數千名錫克教徒在新德里及印度北部城市的報復動亂中喪生，更加深了這些地方的政治分歧。

　　各種試圖達成政治協議的努力迄今為止並無法結束衝突。一九八五年七月拉吉夫‧甘地總理和溫和派的錫克領袖龍高瓦（Sant Herchand Singh Longowal）達成協議，並以選舉方式在旁遮普省形成一個溫和派的錫克政府，然而龍高瓦隨後也死於錫克民兵之手。一九八七年五月面對著持續擴大的暴亂，拉吉夫‧甘地政府中止了旁遮普議會的選舉，並由中央實施直接統治，希望能恢復秩序，但是並未成功，暴亂持續擴大。

　　南亞不安定的最重要原因是印、巴兩國對喀什米爾之爭。喀什米爾面積二十二萬平方公里，人口約五百萬，其中回教徒占 77%，印度教徒占 20%，它位於南亞次大陸北部山區，

和中國的新疆、西藏毗鄰，具有重要的戰略地位。

　　喀什米爾問題可說是歷史遺留下來的問題。英國自十九世紀末控制喀什米爾以來，此地一直被英國作為與中國、印度和俄國的緩衝地。由於當時英國想藉由協議來確定邊界的企圖並沒有成功，於是當一九四七年印度脫離英國獨立，而巴基斯坦又脫離印度獨立時，喀什米爾疆界的問題就凸顯了出來。

　　在英國殖民的統治下，喀什米爾與其他五百六十一個所謂的土邦，除了國防、外交及交通方面之外，大體上是自主的。一九四七年八月印巴分治時，當時英國設立了一個有關印巴分治的「蒙巴頓方案」，當中規定夾於兩國的喀什米爾土邦可以自由加入印度、巴基斯坦或是保持獨立。然而，儘管喀什米爾的居民多是回教徒，統治的大君卻是印度教徒，而對於歸屬問題遲遲不能做出決定。一九四七年十月，喀什米爾內部回教激進分子發生暴亂，大君派軍鎮壓。巴國西北部的部落人士越界進入喀什米爾，支援回教激進分子。大君轉而求助於印度總督蒙巴頓。蒙巴頓同意印度派遣軍隊援助，條件是大君先簽署加入印度，惟又取得尼赫魯總理之承諾，喀什米爾加入需由人民投票批准之[4]。巴國也從西邊舉著伊斯蘭大旗揮軍進入，使得大君決定靠向印度，最後印度出兵，從而導致了印、巴兩國在

---

[4] Sumit Ganguly, *The Crisis in Kashmir: Portents of War, Hopes of Peace* (Cambridge, U.K.: University of Cambridge Press, 1997): 6-10.

一九四八年的戰爭。

戰爭爆發後，印度將爭端提交聯合國安理會，指控巴國侵略。安理會於一九四九年成立聯合國印巴委員會斡旋停火。在該委員會的提議下，安理會通過停火、非軍事化、公民投票三階段解決喀什米爾爭議的決議。印、巴兩國對此也都表示同意。七月，兩國代表方於喀拉蚩簽訂停火協議。停火線的西北部屬於巴基斯坦控制，分別是阿查德喀什米爾（Azad Kashmir，意指自由的喀什米爾）、Gilgit 和 Baltistan 三個部分，後兩部分成為巴基斯坦領土的一部分，而阿查德喀什米爾則成立一個自治政府。停火線的東南部則屬印度，稱為查謨和喀什米爾（Jammu and Kashmir），現今的喀什米爾問題則發生於此處。印度控制的地區面積為十四萬平方公里，而巴基斯坦所控地區僅有八萬四千平方公里，自然難以接受現狀為永久狀態。

巴國以為，停火之後進行公民投票，喀什米爾人民必然支持與巴基斯坦合併。然而，印度拒絕舉行公民投票，除非巴基斯坦先行撤軍。巴基斯坦則表示，如果印度不撤兵，它亦不會撤兵。兩國堅持不下，公民投票無法舉行。

巴基斯坦失望之餘，加入美國領導的東南亞公約，整軍經武，於一九六五年發動攻擊，企圖以武力奪取印度在喀什米爾的控制區。印度擴大戰場，攻入巴基斯坦境內。一九六六年一月，兩國在蘇聯調停下，簽訂塔什干協定（Tashkent Agreement）。其中聲明雙方須符合聯合國憲章，不以武力而

改採和平方式解決爭端。然而蘇聯並未提出解決喀什米爾情勢的具體辦法。一九七一年爆發孟加拉獨立戰爭，印、巴兩國也在喀什米爾發生衝突。雙方最後達成西姆拉協議（Simla Agreement），除了重新確定一九四九年的停戰線外，也表達兩國和平共處的希望。

為解決喀什米爾問題，雙方曾多次舉行雙邊談判。由於兩國無論在經濟實力、人口數量、國土面積、戰略物資、國民生產、兵力對比，都是印優巴劣，相當懸殊，手段、姿態各異。印度認為應依照塔什干協定和西姆拉協定，由兩國談判解決，但所持的是預設「合併喀什米爾」的立場，反對將其國際化，反對第三國的介入，拒絕妥協，以免鼓舞印度其他省分起而傚尤，導致分離趨勢一發不可收拾。巴基斯坦在全般態勢上屈居劣勢，認為喀什米爾是殖民地領土分割時未完成的議程之一，應循協商途徑而非訴諸武力，主張依據聯合國有關民族自決原則，給當地人民權利，透過自由與公平的公民投票，決定究竟何去何從。兩國之間的立場南轅北轍，毫無交集。喀什米爾的前途既然無法循政治談判解決，一九七五年印度總理片面宣布喀什米爾成為印度新憲法下的一省，使得巴國難以接受，而回教徒的反抗和暴動日益激烈。

印度於分治時採用雙重標準，亦令巴基斯坦感到不公平。位於印度的海德拉巴邦，居民多為印度教徒，但是統治者是回教徒。統治者宣布歸併於巴基斯坦，可是印度悍然派兵強行合併。依照同樣標準，巴基斯坦有權以武力合併喀什米爾，

而不問喀什米爾統治者採行什麼決定。

　　印、巴兩國關於喀什米爾的衝突涉及領土和意識型態之爭。就領土而言，雙方爭奪喀什米爾的控制權，由於領土是具有「稀少性」的競爭標的物，致成零和競爭。就意識型態而言，巴國基於喀什米爾大多數軍民同屬回教，領土又相連，而印巴分治本即基於同一宗教者合為一個國家的原則，因此在未能合併喀什米爾後，以民族自決為號召，要求取得喀什米爾。反之，印度統治多宗教、多民族，主張各宗教和種族之融合，而且如果基於回教徒是多數族群而允許喀什米爾獨立，則印度有分裂之虞。印度境內回教徒多達一億兩千萬人，幾乎與巴國人民總數相等，印度如果不主張宗教融合，則境內眾多的回教徒豈非應另尋政治歸屬？兩國內政的顧忌，亦使雙方統治者對喀什米爾之歸屬無法讓步。

第二章
美國在南亞的利益

　　美國在南亞雖然並無特別重大利益，但是仍有若干重要
利益[1]。雖然南亞從未被美國視為一個具有主要戰略或經濟利
益的地區，但長久以來它在美國外交政策所關注的清單上仍占
有重要位置。在冷戰時期，美國在南亞的一項重要利益就是防
堵蘇聯的擴張。惟在後冷戰時期，此項利益已隨蘇聯的瓦解而
消失。因此有些關注具有特定的冷戰取向（cold war
orientation），例如巴基斯坦成為對抗蘇聯擴張主義的區域安
全夥伴，都在冷戰結束後明顯失去該項特徵。其他持續的議
題，或甚至是持續增加的利益，包括防止核武和飛彈的擴散、
支持安定和嚇阻衝突、推動增加對人權的尊重、支持更廣泛的
民主化、推動經濟與貿易關係的發展，以及加強環境的保護等
[2]。

　　冷戰的結束和南亞情勢的發展，已經對美國在南亞的利
益形成了在本質上與過去並不相同的背景。冷戰時美國最關注
的是圍堵蘇聯的擴張；冷戰結束後，美國關注的是較廣泛的世
界秩序，尤其是有關核武和彈道飛彈的擴散，以及國家間的種
族和宗教衝突及分離主義。美國國內來自南亞的移民不斷增
加，也使得國會更強調對南亞人權問題的關心。雖然一些以前
由軍人或獨裁者所統治的南亞國家，現在已經民主化了，然而
美國認為民主與對人權的重視仍是南亞地區應該努力之處。

---

[1] Richard N. Haass and Gideon Rose, *A New U. S. Policy Toward India and Pakistan* (New York: Council on Foreign Relations, 1997): 23-5; Slivaji Ganguly, *U. S. Policy Toward South Asia* (Boulder, Col: Westview Press, 1990): 26-7.
[2] *Ibid.*

　　由於該地區仍陷於貧窮和發展緩慢的困境，南亞國家皆開始去除它們在經濟政策方面所具有的後殖民時期、第三世界特質的習慣。雖然它們的激進改革成效不一，大多數南亞地區的國家已經採取了長遠的政策，修正其中央集權制度、過度的官僚政治、準社會主義（quasi-socialist）的經濟政策，以便能擴展私人部門的角色，並吸引外國投資。這些改革與進展使得美國與這些傳統上接受美國援助的發展中國家，加強經貿關係的發展。

　　冷戰結束，繼承蘇聯的俄羅斯忙於內政的改革和經濟的建設，對美國在南亞的利益不構成任何的威脅。然而，美國在南亞仍保留了一些安全利益，包括限制核、生、化武器與飛彈擴散、避免印巴衝突、防阻毒品的走私和恐怖主義，以及確保美國與南亞國家的關係是美國對中東／波斯灣地區的利益上的正面影響力，而非動亂的根源。美國在南亞的一項新增的利益，是拉攏印度為牽制或未來圍堵中共的夥伴[3]。大致而言，美國在南亞有七項主要利益。

一、防阻大規模毀滅性武器的擴散

　　美國外交政策在過去三十年的一個基本原則，是防阻印度和巴基斯坦取得核武，或轉移核武與技術到其他國家。美國

---

[3] *Ibid.*, p.3.

防阻印、巴兩國發展核武與飛彈,是美國全球性防阻核武與飛彈擴散政策的一部分。惟由於印、巴兩國皆擁有製造核武和飛彈的原料和技術,美國同時希望兩國能控制該等原料和技術的輸出,以防阻核武和飛彈的擴張。美國尤其要防阻恐怖分子取得該等原料、技術,以及核武和飛彈。美國在印、巴分別進行核武試爆後,不僅力求兩國停止試爆,更求阻止雙方進行核武競賽,以免危及南亞地區的安定。因此印度和巴基斯坦在核武上的擴散潛力,最直接衝擊美國防範全球大規模毀滅性武器擴散的政策,亦與波斯灣油路的通暢及以阿軍事平衡息息相關。

美國的禁止擴散原則是多方面的。在全球層次,美國同時與印度和巴基斯坦在日內瓦裁軍會議上合作,希望達成全球有效的停產放射性物質和全面禁止核試條約,這些條約將制止包括南亞在內的潛在核武競賽。美國希望見到這兩國承諾在國際監督下不生產放射性物質,或在最後協商及批准上述條約之前不進行核試。美國也相信區域性的禁止擴散管制能加強並有利全球的努力,因此繼續尋求一種印度和巴基斯坦都能接受的定期雙邊對話的區域模式。

美國認為,印度和巴基斯坦如果進一步發展或部署現有的核武及飛彈,將減少兩國的國家安全及阻止它們在解決政治分歧上的選擇。蘇聯的解體更清楚地顯示,大量的常備軍、核武和彈道飛彈並不足以保證國家安全。相反地,這些資產還將侵蝕一國的經濟及科技能力,甚至減少安全[4]。

---

[4] Robin Raphel, "U. S. Policy toward South Asia," *U. S. Department of*

　　印、巴兩國迄今未簽署禁止核不擴散條約（Nuclear Non-proliferation Treaty, NPT）及全面禁試條約（Comprehensive Test Ban Treaty）。印度堅持只要中共仍保有核武能力，它就不會簽署該等條約。巴基斯坦則堅持在印度之後簽署之。兩個國家都反對它們所謂的在核不擴散條約下的「歧視」規定，因為該條約允許五個核武國家保有核武，卻禁止其它國家加入核子俱樂部。

二、維持區域和平與安定

　　美國防阻核武擴散之利益亦與維持南亞的安定利益有密切關聯。美國在南亞的一項重要利益是防阻印、巴兩國之間發生大戰，並協助雙方化解喀什米爾的衝突。印、巴軍隊的數量分居全球第四位和第七位，雙方曾進行三次戰爭，迄今仍對喀什米爾主權之爭相持不下，並且不斷發生低強度的衝突。兩國於一九九八年多次試爆核武，又擁有中程飛彈，致一旦戰爭再起，可能形成核武戰爭，益增雙方軍事衝突的危險性。

　　喀什米爾爭端極化了兩國的關係，美國仍繼續努力勸說他們進行正式協商以解決這個爭端，這種努力必須包括印、巴兩國高級官員持續而直接的會談。這需要所有查謨和喀什米爾地區人民都建立可信的接觸，並且武裝部隊和民兵都須停止侵

State Dispatch (Dispatch), 6:8(February 20, 1995): 136.

害人權,所以對抗印度政府的外來軍事援助也必須停止。只要
印度和巴基斯坦提出要求,美國願意協助進行上述流程。美國
沒有預設立場,但是認知到這個解決方案必須能長期維持,並
且是南亞長期穩定的基礎。

自八〇年代中期以來,威脅和平與安定的來源不減反
增,包括印度境內印度教徒與回教徒之間的暴亂、斯里蘭卡坦
米爾(Tamil)人的叛變、印度旁遮普省(Punjab)錫克人(Sikhs)
的分離運動、查謨與喀什米爾回教徒的叛亂。

美國長期以來即希望南亞國家能發展民主政治和多元社
會,從而促進各國內部的團結和安定。美國認知,南亞國家的
分裂和動亂會導致宗教的極端主義和極端分子的增加,危及南
亞的和平與安定。

三、促進經貿關係

蘇聯的改革與瓦解,證明共產主義經濟制度的破產。採
取「準社會主義」計劃經濟的南亞國家,認知自由市場經濟的
價值,紛紛進行改革與開放。在經濟領域,南亞是一個成長與
發展頗為快速的地區。印度的經濟改革計畫已經為美國和印度
之間史無前例的貿易和投資鋪平道路,這是一種造成九〇年代
雙方高層互訪的趨勢。美國商業部及美國貿易代表署皆認定,
印度是商業部十大「上升中的市場」之一,此使印度在美國對
外貿易促進努力上處於優先地位。美國是南亞雙邊與多邊經濟

援助來源的主要國家，又是南亞產品最大的市場，南亞的經濟改革與開放帶來美國擴展與南亞經貿關係的機會。

　　美國在拓展與南亞國家的經貿關係時，亦求保護其國人的智慧財產權。開發中國家進行經濟發展時，多與美國發生智慧財產權的保護問題，開發中國家多無力或無意購買工業化國家的智慧財產權。美國透過國內的立法與多邊條約的規定，以求保護智慧財產權。例如美國一九八四年的貿易及關稅法（the Trade and Tariff Act）將開發中國家享有的一般關稅的優惠待遇（the Generalized System of Preferences, GSP）與該國對智慧財產權的保護掛鉤。烏拉圭回合談判的結果，將智慧財產權的保護列入世貿組織的規範中。美國亦透過雙邊外交管道，促使貿易夥伴保護美國人的智慧財產權。

四、促進民主與人權的尊重

　　南亞國家在某種程度上是承襲了英國殖民統治遺留下的政治傳統，包括民主政治和威權政治兩種相互衝突的傾向。南亞國家的精英分子雖然受到民主憲政、法治和民權等觀念的教育，然而英國殖民政府採取高度的中央集權和威權統治，實施違背人權與法治的規章，對關心國家安全和安定的南亞統治階層皆有示範性的影響。南亞的軍事政變因而常常中斷民主政治。

　　支持並加強民主一直是柯林頓政府在南亞及全球的主要

目標。美國注意到政治分裂的苦果,如在孟加拉和巴基斯坦。
這妨礙了民主機制的發展,並削弱政治體系帶領經濟社會改革
的能力,美國同時直接與間接的加強此區域的民主進程。美國
的援助包括計劃建立市民體制（civil institution）,例如立法
和司法,但現在則強調非政府領域的活動。交換計畫使南亞國
家能得到美國體制的第一手資料。國務院也鼓勵一些主要的非
政府組織進行私人資金援助,以加強民主體制。

美國官方公開表示,提高在南亞的基本人權是美國的主要
利益。美國對社會正義和尊重人權的承諾,將一直是美國對南
亞政策的最重要根源。美國將繼續與外國領導人、非政府組織
及個人在公共和私人領域合作,以達成這些目標。國務院的年
度「國家人權報告」（Country Reports on Human Rights）包括
美國對南亞國家人權情況的詳細評估。

美國自七○年代強調民主與人權的推廣,但是長期以來,
此項利益與軍事安全的利益會相互衝突,而不得不作出妥協。
柯林頓政府雖然將民主的擴展與人權的提倡列為美國全球外
交上的重大利益,亦無法忽視其他或更重要的利益,以致不能
全力促進之。

美國在南亞促進民主化的目標多因巴基斯坦的軍事政變
而受挫。但是鑒於巴國的戰略地位,美國亦只好接受現實而擱
置理想和長期的利益。南亞的人權問題主要來自南亞的種族和
宗教分歧,少數民族不滿多數民族的統治,回教徒不願接受印
度教徒的統治。統治者為了維持國家的領土完整,強力鎮壓分

裂運動或叛亂，從而形成美國指責的人權問題。

　　美國的努力在印度獲得了顯著的成效。在印度，關注人權的公共意識正在提高。這個議題已置於政治議程上，並且因著新聞自由，成為公眾經常討論的議題。法院對於涉及人權的案子較以往更為積極，當地人權團體也繼續努力關注、分類及記錄印度各地忽視人權的實例。成長中的公眾反對運動已經鎖定國家安全法的濫用。例如「恐怖主義及分裂活動法」從一九八五年到一九九四年五月，共有六萬一千八百四十三人因該法而遭到扣留，但只有六百二十六人被判有罪。一九九四年七月，最高法院下令，如果不能起訴任何罪名，必須釋放因該法而被扣留超過一百八十天者。這使得在「恐怖主義及分裂活動法」下被扣人數，戲劇性地從一萬三千名減少至五千人。

　　印度解決人權問題的努力還包括成立一個全國人權委員會。此委員會在一年之內，成功地讓自己成為一個有效的人權維護者，使當初對其抱持懷疑者大吃一驚。委員會在第一年運作中，收到近三千件侵害人權的投訴，並幾乎在印度每一個省調查投訴案。

　　然而，安全部隊和好戰分子繼續在喀什米爾侵害人權。在旁遮普省，恐怖分子的暴力活動實際上比過去還多。但是警察通常並不尊重一般犯罪調查程序，大量類似以「恐怖主義及分裂活動法」般侵害人權的安全法規，原本就是為了對付恐怖主義，尤其是在有分離主義的各省。然而這種法規卻在全國大行其道，包括古察辣（Gujarat）這樣沒有緊急狀況的省。

　　巴基斯坦的人權狀況頗為複雜。在巴基斯坦，宗教法的死刑原本是由於觸犯了「褻瀆上帝的法律」而遭刑，但是這種法律卻被濫用。基督教徒及其他非回教徒一直在證據薄弱的情況下，因該法而受到處罰。此外，雖然政府已經建立了幾個由女性警官來管理女性扣留人和受害人的警察站，以減少對人權的侵害，但是對囚犯和女性的待遇仍是嚴重的問題。政府也成立了人權單位，以監控侵害的情形。但是，美國認為，仍有需要努力改進之處。

五、促進環境的保護

　　南亞經濟的發展與成長，導致生態環境的破壞。如何在經濟發展與生態環境之間求取平衡，是一項不容忽視的問題。南亞維護環境的辦法之一，是以較佳的科技取代目前效率欠佳的資源使用。例如，南亞地區依賴的能源包括林木與含硫高的煤炭和牛糞。林木的大量使用會使得水土不易保持和水源森林的減少，從而引發水災和土石流之災害；煤炭與牛糞的使用導致溫室效應氣體排放的增加。南亞國家對石油的使用亦欠缺效率。美國希望促進南亞各國人民對環保的意識與重視，美國對南亞環保的促進有助其環保科技的輸出，但是與其在南亞擴展的投資發生衝突，兩項利益不易兼顧。惟由於環保的利益在迫切性及重要性上不及經貿的利益，因此，美國在兩者不能兼顧時，通常會偏重後者。

六、防阻毒品的生產與走私和恐怖主義

　　南亞是合法及非法鴉片的主要產區，它在海洛因及其他毒品轉運上的地位也日益重要。此區域吸毒人口正大量增加，現已超過三百萬人，其中一半的海洛因吸食者是巴基斯坦人。依照美國官方說法，一九七八年巴基斯坦是國際非法鴉片的主要生產國之一，產量達八百噸。一九九一年巴基斯坦種植鴉片的面積仍高達 8,645 公頃，僅次於緬甸（161,102 公頃）、寮國（29,625 公頃）、阿富汗（17,190 公頃）和墨西哥（10,310 公頃）[5]。

　　在大多數南亞國家，與毒品有關的問題日漸增多，而巴基斯坦是受毒品影響最嚴重的國家。巴國西北邊界省（the North-West Frontier Province）的部落地區種植鴉片，阿富汗亦是鴉片的重要產地，巴國與阿富汗邊界設立提煉海洛因的工廠。兩國邊界地區走私進入美國的海洛因，已占美國非法海洛因消費量的百分之四十。印度則是阿富汗、巴基斯坦和緬甸毒品走私的最大轉運國。

　　美國在此一區域最重要的目標，是與當地政府及非政府組織合作，以提高對走私毒品的社會成本的關注程度。像在其

---

[5] "Fact Sheet: 1991 Progress in the International War against Narcotics," *Dispatch* (May 18, 1992): 394; Robert S. Gelbord, "Assessment of US Counternarcotics Effort in Asia," *Dispatch* (August 7, 1995): 620.

他地方一樣,在南亞,走私毒品是一些犯罪組織的主要收入來源,同時也因此而引起貪污和恐嚇,進而影響民主機制的運作。

為了防阻毒品的生產及走私,美國與印度、巴基斯坦、尼泊爾等國進行合作,包括提供訓練有關人員的經費及緝毒的經驗,提供援助以鼓勵農民停止種植鴉片,協助南亞國家制定取締毒品的法令。經過美、巴兩國多年的努力,巴基斯坦的鴉片產量已由一九七八年的八百噸降為一九九四年的一百六十噸。

巴基斯坦自一九九五年起,便積極掃蕩罌粟花田,扣押毒品,並將販毒者的財產充公。巴基斯坦政府同時也藉由穩固的軍事領導,強化巴基斯坦的反毒品部隊。

南亞毒品走私進入美國,造成美國的社會問題。南亞的恐怖主義分子的財源,部分來自毒品的生產與走私。因此,美國防阻毒品的生產與走私,不僅涉及減少美國的毒品氾濫,亦與打擊恐怖主義有關。

七、防範中國的挑戰

中共因經濟改革有成而國力日漸增加,從而引發美國國內對「中國威脅論」的爭辯。美國政府雖然認為中共的軍力仍然落後美國二十年左右,但是顯然已著手防範中共未來對美國在亞太霸權的挑戰。美國的防範之道不只一端,而拉攏印度顯然是其中之一。

　　冷戰發生後，美國爲了圍堵蘇聯和中共，在亞洲積極爭取的國家是日本和印度。然而，印度剛脫離英國殖民統治，反對西方的帝國主義，採取不結盟的政策，不願加入美國的圍堵同盟體系。惟自一九六二年中、印兩國戰爭以來，印度始終認爲中共是其最大的安全威脅來源。中共力量越增加，印度感受的威脅越嚴重，致使印度與美國在防範中共方面，逐漸形成共同利益。

第三章
冷戰時期美國的南亞政策

　　冷戰時期，美國對南亞的政策皆基於圍堵政策而來，致與南亞國家的利益並不符合。南亞國家中，印、巴兩國是區域大國。因此，美國對南亞國家的政策，可由美國對印、巴兩國的政策說明之。

一、杜魯門政府時期

(一)美國支持印度獨立

　　美國早在一九四一年十一月即與印度有實質外交關係。當時仍在英國統治之下的印度政府指派白吉派爵士（Sir Girja Shanker Bajpai）擔任駐華府的總代理人（agent general）。美國則任命原駐加爾各答的總領事威爾森（Thomas Wilson）為駐新德里的專員（commissioner）。

　　美國建立此種關係，是考慮到英國即將面臨印度人民族主義的挑戰而順勢作出的決定。當時同盟國盡力應付戰爭，但隨著軸心國捷報頻傳，眼看連美國也要被捲入第二次世界大戰，羅斯福政府認為，為了爭取印度人民忠心加入對抗法西斯主義的戰爭，英國應該承諾在戰後讓印度自治。

　　但是，羅斯福總統顯然並未打算為支持印度爭取自由，而賭上美國自身的權力和聲望；況且當時盟軍團結作戰為當務之急，因此他在試圖說服邱吉爾放棄在印度的統治失敗後，便

基於現實考量而不再提出印度獨立之事[1]。

　　美國與印度在一九四七年八月十五日方展開正式的外交
關係。然而雙方都被一種先入為主的觀念或偏見所主導。此使
雙方的重大外交決策深受影響,尤其在一九五〇至一九六〇年
間,使美、印兩國決策者在冀望建立共同友好雙邊關係時,所
需要的彈性和獨立判斷力為之喪失。印度方面有先入為主的民
族主義和反殖民主義,而美國則有自由和集權不能並存和反共
產主義的強烈意識[2]。

　　這種認知不足的最典型例子反應於一九四九年美國國務
院的備忘錄中。該備忘錄顯示,就美國的安全利益而言,無論
印度的政府制度為何,一個中立的印度和一個採取印度式共產
主義的印度,並無差別。該備忘錄指出,美國必須瞭解,如果
不提供南亞國家認為最基本的協助,該區可能會在美蘇對立一
事上傾向中立,最糟的可能是該區成為蘇聯的附庸國。無論是
何種狀況,美國很難防阻該地區國家發展一套與美方不相容的
政經制度。一旦美、蘇兩國發生戰爭,美國可能無法取得南亞
地區的原料、人力、有限的工業生產力和基地[3]。

　　美國決策者的基本錯誤,是一開始即假設印度和巴基斯

---

[1] Harold A. Gould, "U. S.-Indian Relations: The Early Phase," in Harold A. Gould and Sumit Ganguly, eds., *The Hope and the Reality* (Boulder: Westview Press, 1992): 17-8.

[2] M. Srinivas Chary, *The Eagle and the Peacock: U. S. Foreign Policy toward India Since Independence* (Westport, Conn.: Greenwood Press, 1995): 32-3.

[3] 引自 Gould and Ganguly, eds., *The Hope and the Reality,* 20-1.

坦在戰後必會認同西方國家的策略。雖然英國殖民帝國已瓦
解，但是美國決策者仍視印、巴兩國為英國文化之延伸。美國
認為，英國本身是堅強的反共產主義者，所以這些在文化和機
制上曾受教於民主母國的新興南亞國家，也應該會跟進。

(二)美國不滿尼赫魯的中立政策

然而當尼赫魯（Jawaharlal Nehru）明顯不願就印度的意
識形態為何提出令美方滿意的保證後，雙方的緊張關係逐漸升
高。

對當時正飽受國際共黨威脅的美國行政當局而言，發現
尼赫魯並非如其情報消息所想像的人士，著實是項重大的打
擊。尼赫魯三十八歲時認定，印度只求脫離英國而獨立的國家
民族主義是不夠的。國家民族主義亦應解決社會和經濟問題，
而一個適用於印度國情的社會主義可以有助於該等問題的解
決[4]。

然而，他從一開始就認為，只以布爾什維克黨統治下的
蘇聯為可將社會改革觀念融入印度國家民族主義的唯一先
例。當然，最令他印象深刻的是蘇聯成功地透過強勢中央集權
計畫和社會動員，快速將國家工業化和現代化，快速地工業化
似乎是帶領窮困的印度邁向現代和繁榮之鑰。他對蘇聯心存好
感，並且真的認為社會主義是較資本主義更佳的經濟體制[5]。

[4] Robert J. McMahon, *The Cold War on the Periphery: The United States, India and Pakistan* (New York: Columbia University Press, 1994): 38-9.
[5] Chary, *The Eagle and the Peacock,* 58-61; S. Nihal Singh, "Can the U. S.

　　尼赫魯認為，西方殖民主義與法西斯主義只不過是會導致相同政治災難的兩個不同名詞。兩者相同的目的皆是抑制和摧毀蘇聯和世界各地的自由和改革機構。

　　這些變調的發展，也和尼赫魯一九四九年十月首次訪問美國有所關聯。因為他難以捉摸的「亞洲人格」與美國熱衷權力之流的正面對決，使雙方升高的不合情勢更浮上檯面。尼赫魯對美國之行非常失望[6]。

　　尼赫魯訪美時，蘇聯已經核試爆成功，美國發現它不再是世上唯一擁有核子武器的國家，而且毛澤東將整個中國大陸帶入共產體系，並且於一九四九年十月一日建立中華人民共和國。一九五〇年六月北韓共黨對南韓發動侵略後，美國在聯合國名義下出兵援韓。而中共加入韓戰，與擁有優勢的美軍打了一個平手。此等情勢的發展，將美國人推向恐懼之淵。

　　杜魯門在制定外交政策時（尤其是亞洲外交政策），未能清楚分辨緊張情勢升高的亞洲地區各國的角色。他本能地以「重歐輕亞」和道德眼光檢視和處理南亞局勢。從這些角度來看，尼赫魯由其國家民族性的角度所發表的言論，對美國人而言，幾乎等於背叛。

　　事實上，在這段期間，蘇聯獲取原子彈與中國大陸共黨政權的出現有極為特殊的關聯。影響所及，美國和印度在國際

---

and India be Real Friends?" *Asian Survey*, XXVIII: 9 (September 1983): 1011-2.

[6] McMahon, *The Cold War on the Periphery*, 55-8.

秩序上認知的不同，也引發對立。自一九五○年，兩大超級強權擁有原子武器。在此情況下，美國和蘇聯為避免雙方爆發核武衝突而將鬥爭轉向第三世界。

美國雖然企圖整合第三世界成為防堵蘇聯勢力擴大的防衛網，卻常面臨不斷的反對、挫敗，也常被印度領導者的不結盟政策扯後腿。

印度不願提供武裝部隊支援韓戰而只提供醫療部隊，亦不顧美方呼籲而予中共外交承認。尼赫魯和其外長梅農（Krishna Menon）公開和私下堅持譴責美國不承認中共，反映出印度的國家民族主義和反殖民主義。印度暗示，給予正式承認才是斷絕中共依賴蘇聯的有效方法。印度亦向美國提出明確的警告說，如果美軍越過鴨綠江，中共便會參與韓戰。印度即使在中共加入韓戰後仍支持中共取得聯合國中國代表權的舉動，激怒了杜魯門政府。美國政府將印度的外交決策和領導人視為「不成熟」、「天真」和「被誤導的」之人。在美國國內已將共黨國家的「同路人」（fellow traveler）一詞暗示為罪惡的氣氛下，美國人將印度的中立與親共劃上等號。印度其後關於美蘇兩強對立的匈牙利、越南和日本和約等事件中採取的反美主張，使得美印關係雪上加霜[7]。

美國的圍堵政策是建立在任何未明白表示支持自由世界者皆為真正或潛在敵人的基礎上。印度則持反對立場。尼赫魯認為蘇聯與中共都是將國家民族擺第一，共產主義擺第二，而

---

[7] Chary, *The Eagle and the Peacock*, 79-85.

且兩國基本上都不具侵略野心。

二、艾森豪政府時期

　　一九五二年大選後，美國的政治立場更向右傾。艾森豪
政府的國務卿杜勒斯（John Foster Dulles），將美國外交政策
的意識形態帶到更高的境界。印度是南亞大國，美國為了圍堵
共黨國家，自然希望印度能與美國合作。但是印度在美蘇冷戰
中採取中立政策，此使美國對印度非常失望與不滿。杜勒斯認
為美蘇之爭是集權與自由之爭，印度的中立政策是「不道德」
的政策。

　　美國對付印度的方法是在外交上孤立印度，在聯合國與
其他國際組織中儘量減少西方國家對它的同情和援助，同時削
弱它對共產集團的戰略價值，最後一招是將巴基斯坦納入杜勒
斯圍堵蘇聯和中共的防衛網。該項政策成效不彰，因為它並未
將南亞內部的穩定度納入評估。冷戰中意識形態的訴求使歷史
和外交的敏銳度變得遲鈍。杜勒斯太過忽略南亞宗教對立和印
巴分治引發的仇恨，以致無法瞭解將巴基斯坦以反共名義納入
中部公約和東南亞公約的後果，是將美國捲入南亞次大陸的殺
戮戰場。巴基斯坦對美蘇之間的意識形態鬥爭，並無興趣。它
所關切者是對抗印度和增強本身的軍事力量，以求在戰場終結
印巴紛爭。巴基斯坦的領袖們是基於功能利益而非原則考量才

加入美國的同盟系統[8]。

　　美國不瞭解，對南亞地區穩定的最大威脅不是來自蘇聯對新興國家直接或間接的滲透，而是來自於其內部。南亞的安全威脅是回教的巴基斯坦和印度教的印度之間的衝突，此項衝突已使雙方於一九四七年在喀什米爾爆發軍事衝突。一旦巴基斯坦可取得美國的軍援，軍力增強，必然與印度再起戰爭。

三、甘迺迪政府時期

(一)甘迺迪親印

　　甘迺迪在擔任美國總統之前，即被美、印兩國人民認為是印度的朋友。他上任之後，改變了美國以往一貫對第三世界國家，尤其是對印度的外交政策目標，而採取容忍的立場。他在擔任參議員時，於一九五七年在華府成立了一個「美印協會」，以促進兩國的合作。他個人也很敬佩領導印度爭取獨立的尼赫魯。然而，甘迺迪就任的第一年，印度以武力兼併葡萄牙在印度的殖民地果阿（Goa）。

　　甘迺迪對第三世界角色的看法與杜勒斯不同，杜勒斯把世界分為親共或反共國家，不允許中立。甘迺迪則超越此種二分法，尊重（即使並不常贊同）不結盟國家的外交政策。甘迺迪將國家獨立視為重要問題，因而邀請中立國尋求與美國之間

---

[8] *Ibid.*, 94-105.

的共同利益，從而共同對抗共產勢力的擴張。他對印度提供大量經濟援助，認為可以帶給印度政治安定，而政治穩定加上經濟繁榮，有助印度的經濟發展，而且比正式軍事同盟更能有效阻止共黨勢力擴張[9]。

　　自由主義傳統上有一項未明言的假設：經濟成長會導致政治穩定。雖然歷史證實，經濟繁榮有時反而加劇政治緊張而非和緩之，但甘迺迪相信經濟成長與政治穩定密不可分。而政治穩定在對抗共產勢力於南亞次大陸的滲透上，是最適當的防衛。然而，美國反對以武力解決果阿問題，使美印關係欠佳。美國國會議員在對印度經援一事上，與甘迺迪的認知發生衝突。國會議員多認同杜勒斯的冷戰思維，限制了美國對印度的經濟與軍事援助。諷刺的是，這反而促使印度去尋求美國當時最大的敵人——蘇聯的援助[10]。

　　在艾森豪與杜勒斯時期，美國在第三世界直接以經濟援助發展中國家的方式建立軍事同盟。援助的目標在對第三世界發揮意識形態、戰略、外交、經濟等方面的影響。甘迺迪是第一個希望看到印度及第三世界達到經濟成長的總統，以免遭受共產主義的威脅，他並不像前幾任美國總統那樣關注印度是個不結盟國家。

　　甘迺迪以經濟學家高布斯（John Kenneth Galbraith）為駐印度大使，希望達到前述目標，但受到來自美國國會的阻力，

---

[9] *Ibid.*, 113-20.
[10] McMahon, *The Cold War on the Periphery*, 262-83.

這種阻力以兩種方式表達。第一，甘迺迪提高對印度的援助遭遇到下列的批評：印度是個不結盟國家，並且信仰社會主義計劃經濟，而其不結盟政策，只是為了同時從美、蘇兩國取得援助（印度確實這樣做）。援助此種國家的確讓許多美國國會議員難以接受。

第二種反對的方式是關於援助的條件。美國通常對提供援助有著一些嚴苛的條件，要求將援助與受援國或與特定計畫掛勾。如要求受援國購買美國產品，或指定資金從事特定計畫。這種做法也許並沒有多大經濟效益，但美國國會議員卻從中得到其政治上的滿足。然而印度並不太能接受這種做法，因為每個計畫都要經過美國專家細審，印度認為這種做法侵犯其國家主權。

甘迺迪希望改善印度對美援的負面印象。美國的援助占印度所接受國外援助的51.7%，是其他任何一個單一援助國的五倍。印度五年計畫中，一項重大計畫是包卡路（Bokaro）鋼鐵生產計畫，似乎是美國不附帶任何政治條件而提供的援助。雖然該計畫是個國營企業計畫，並且尋求美國的援助，但是甘迺迪及其經濟專家認為該計畫有助於提高印度的鋼鐵生產能力，長期而言，也可幫助印度的私人領域，因此支持該計畫。然而該計畫卻遭到國會反對。美國鋼鐵公司在對該計畫作了全盤審查之後，提出了相當不利的報告，國會因而指出，美國不應該支持外國國有工業或商業機構所提與既存私人企業進行競爭的計畫。國會於一九六三年八月二十二日將該計畫從美國

援外計畫中除名，印度也在一個月內撤銷有關申請。

　　其後該計畫完全由蘇聯資助，蘇聯經由援助這個計畫，所取得的政治影響遠大於其援助金額。因為蘇聯願意援助國有企業，不論是重工業與煉油業，這對積極推動工業化的印度而言具有戰略上的重要性。雖然美國長期對印度的援助金額遠大於蘇聯，但是美國拒絕支持包卡路計畫，使得印度認為美國不樂見印度成為工業化國家，致使美國在印度所取得的政治影響力比蘇聯小得多。此外，從這次事件也可以看出美國立法部門對行政部門政策的阻撓。

　　然而，甘迺迪仍繼續對印度進行援助，並遊說設立由世界銀行支持的援印財團（Aid India Consortium），甘迺迪也強調「沒有控制的援助」（aid without strings）。當時新成立的國際發展署（Agency for International Development, AID）也處理了許多與印度進行的農業合作計畫，甘迺迪也重新製定「農業貿易發展與援助公法四八〇號計畫」（Agricultural Trade Development and Assistance PL 480 Program），吸收美國國內剩餘的穀物，輸出到印度，讓印度在實施第三個五年計畫時，得以穩定其糧食價格。

(二)美國在中印戰爭支持印度

　　一九六二年十月二十五日，中印戰爭爆發，甘迺迪政府再度展現對印度友好的政策。印度在中印邊界的塔望（Tawang）失守，尼赫魯顧不了不結盟運動的原則，向各國

政府首長發出了緊急要求，希望獲得外交與物質援助。美國迅速回應了尼赫魯的要求，提供了武器與物質上的援助，甘迺迪並發表聲明完全支持尼赫魯，尼赫魯則向高布斯大使表示印度與美國合作的意願。然而美國仍然對印度的不結盟國家身分十分敏感，因此甘迺迪同意使用中性字眼來敘述美國的援助，一切「同盟」、「軍事援助」等字眼都避免提及[11]。

　　十一月底，中印停火以後，甘迺迪派了以哈里曼（Averell Harriman）為首的代表團到印度，對印度在國防與軍事援助上的需要進行評估。美國在中印開戰後立刻支援印度，絲毫不受幾乎同時發生的古巴飛彈危機的影響，顯示美國願意在民主國家遭到共黨國家入侵時挺身而出。這次事件中，美國比蘇聯更積極的援助印度。美國國務院雖然拒絕了印度要求英、美空軍在印度空軍與中共空軍發生空中格鬥時，保護印度城市的願望，但卻提供雷達、技術訓練及與印度進行空軍聯合演習[12]。

　　美國認知到中共勢力擴散對印度的威脅，卻又不肯更大量的援助印度，主要是考量兩個因素：一是美國與巴基斯坦的關係；二是擔心對美國納稅人造成龐大負擔。然而美國卻熱衷於對印度進行經濟與軍事援助，使之能有效應付來自中共的威脅。美國毫不猶豫的希望以援助提供國的身分，促使印度與巴基斯坦談判，以解決喀什米爾問題，從而使印、巴兩國能共同

---

[11] Chary, *The Eagle and the Peacock*, 120-2; Ganguly, *U. S. Policy Toward South Asia*, 63-81.

[12] McMahon, *The Cold War on the Periphery*, 288-98; Ganguly, *U. S. Policy Toward South Asia*, 81-97.

而有效的防衛南亞的安全。但是巴基斯坦不認為中共是威脅，同時只想取得喀什米爾。印度則認為喀什米爾問題已經解決，不願再討論之，因此雙方談判毫無成果。哈里曼訪問團實際上只完成了一小部分的使命，但卻向中共顯示美國對印度的持續支持。

一九六二年的事件之後，印度繼續將自己視為不結盟國家，但也採取一些措施，使得西方國家能更容易與之建立較密切的關係。另一方面，英美兩國皆認為要有效防衛南亞，主要條件是印、巴兩國建立友好關係，因此急切希望見到喀什米爾問題的解決。在中共威脅持續存在的時刻，兩國更不願見到因印、巴兩國不和而造成該區域的不穩定。

中印戰爭之後，印度希望借助美國之力加強自己的防衛。尼赫魯原本希望避免建立此種軍事關係，但卻警覺到印度必須擁有與領土相當的防衛力量。於是印度政府提出了一項五年計畫的建議書，希望每年由美國援助七億五千萬美元，英國援助兩億美元，來支持該計畫。美國不願支出如此龐大的金額，因為考慮到與巴基斯坦的關係，以及在巴國白沙瓦（Peshwar）軍事基地的安全。尼赫魯後來同意美國可以與巴國商量美印軍事合作的極限，並同意在美國需要防衛東南亞時予以政治支持。美國國防部長麥那馬拉並不相信印度會這麼做。正當該計畫要提交到美國國家安全會議進行討論前四天，甘迺迪於一九六三年十一月二十二日遇刺身亡，尼赫魯也於次年逝世，美國又受到巴國強大的壓力，因而擱置了該計畫。然

而一九六四年八月，印度從蘇聯獲得更多的援助。

美印關係在甘迺迪政府時期達到最高點，主要是因為他個人的興趣，以及他不顧印度的不結盟身分而提供印度安全援助。當然，兩國關係的改善，與甘迺迪以更寬廣的視野看待冷戰的世界也有關係。然而，由於甘迺迪的遇刺、來自國會及甚至內閣的阻力，使這種關係無法維持。另一個原因是美國決策者對美印關係缺乏文化上的瞭解，認為亞洲只是停留在與歐洲殖民母國的聯繫而已，而美國需要把自由帶給這些國家，美國也嚴重忽略了當時正在塑造亞洲的力量，並非資本主義或共產主義，而是民族主義。加上顧忌印度的不結盟政策，因此美國的援助並非有求必應。

四、詹森政府時期

(一)美國對印、巴兩國實施武器禁運

在詹森擔任美國總統之前，美印兩國已經出現鴻溝，此乃因兩國對各自在全球的角色有不同的認知。美國視南亞為其全球政治的延伸，為其反共聯盟及國際自由經濟秩序的一個環節。印度雖然在經濟與軍事方面較美國為弱，仍對美國的這種看法加以挑戰，並不願配合美國的這些政策。甚至在一九六四年尼赫魯死後，他的繼承者仍延續此等政策。這些政策包括挑

戰超強在世界其他地區進行干涉[13]。

　　由於這些認知上的分歧，美國與印度在兩項重要議題上發生了衝突，而使雙方關係無法進一步發展。

　　第一項衝突源自一九六五年印巴戰爭。巴基斯坦在一九六五年九月攻擊印度，爆發了第二次印巴戰爭。美國知道這是巴國先發動的戰爭，卻同時對兩國進行武器禁運。華府的反應是混合了沮喪和大國作風。華府覺得沮喪，因為這代表哈里曼代表團及以後的外交解決喀什米爾衝突的努力完全失敗了；大國作風，則是因為華府認為雙方投入大量的資源，去進行一場在美國看來沒有意義的戰爭。此外，美國也不希望出現另一個衝突議題，而分散了美國當時對於越戰的注意力，因而片面對兩國加以制裁。美國的立場是對印、巴兩國各打五十大板[14]。

　　對印度而言，美國的政策非常不公平。新德里所關心的是巴基斯坦使用美式武器發動了這場戰爭，然而美國沒有照先前的承諾，對巴基斯坦採取懲罰行動，卻同時對兩國採取武器禁運。在印度決策者看來，尼赫魯當時對艾森豪售賣武器給巴基斯坦的做法持保留態度，是十分正確的。美國的做法，使印度對美國在中印戰爭中的有力支持所產生的好感完全消失。由於美國拒絕批評巴基斯坦總統阿育布（Mohammad Ayub Khan）的軍人政權，加深印度對美國協助巴國的疑懼。

　　美國的做法也使巴基斯坦懷疑美國作為盟邦的可靠性。

---

[13] Chary, *The Eagle and the Peacock*, 124.

[14] McMahon, *The Cold War on the Periphery*, 323-32.

基於兩國一九五四年的協定，美國在該協定中允諾協助巴基斯坦抵抗侵略，因此，巴基斯坦希望取得美國主動支持，而非武器禁運[15]。美國的行為使得巴基斯坦決定轉而與中共和蘇聯改善關係。

(二)美印對越戰的歧見

第二項衝突源自對越戰的歧見。印度的糧食問題由於季風的關係，一九六五年開始惡化。一九六五年十一月，當時印度新任農業部長蘇布藍尼（Chidambaram Subramaniam）會見了美國農業部長佛里曼（Orville Freeman），雙方討論了解決此一問題的中、長期方案。兩人皆是實用主義者，很快就印度的「自助策略」達成協議。該項策略要求印度撥出更多資源到農業領域，使農民有更強烈的耕作動機。

一九六六年甘地夫人（Indira Gandhi）訪問華府時，同意實行一連串的經濟改革，包括改變印度的糧食生產與分配政策；減少一些工業以及使印度盧比貶值。另一方面，詹森總統則使美國國會同意為印度的農業與工業的持續發展提供援助。

美國國會同意了詹森的要求。事實上，正如雙方所保證的，這使得未來幾個月中兩國的關係得到改善，但是這種情況為時不長。

該年七月，甘地夫人訪問了莫斯科。在結束國是訪問前，

---

[15] Chary, *The Eagle and the Peacock*, 125-7; Ganguly, *U. S. Policy Toward South Asia*, 126-41.

一位參與草擬聯合公報的印度高級外交官指責了某「帝國主義勢力」的邪惡行徑，並要求美國結束轟炸越南。詹森總統對此大為不滿，視為奇恥大辱。雖然甘地夫人及其他印度官員百般解釋，但仍然無效。不久之後，甘地夫人受到其政黨內外左翼勢力的壓力，被迫恢復對美國轟炸越南的指責。

詹森向來都支持其農業部長對印度的「自助」式農業援助，現在則由於印度批評美國在越戰的努力，而反對再提供援助，因此開始了「減縮援助」的政策。雖然美國駐印度大使包爾斯（Chester Bowles）對此持保留態度，但白宮並未因而改變既定的政策。

由於印度持續批評美國在越南的戰爭，詹森對印度的批評開始充滿偏見。一九六七年初，他不僅堅持要求印度領袖停止進一步的批評，也要求印度捐助一輛野戰救護車以示對美國越戰政策的支持，印度則堅持其在越南問題上立場。於是一九六七年中期，詹森終止了對印度的小麥援助，美國對印度施壓的政策宣告失敗。

印度認為，此事證實了美國居心不良：美國清楚表明了，連自己人民都餵不飽的國家，沒有資格批評美國的外交政策；美國則對印度不知感恩圖報及不負責任的行為感到不滿。在美國政府中，有些人認為這是印度自找的：因為印度在自己國家嚴重缺糧的時候，卻對著提供食物的美國大加批評[16]。

---

[16] *Ibid.*, 167-84.

　　從上述事件可以得出兩個結論。首先，兩國對世界秩序有著不同的看法。印度批評美國在越南進行戰爭，基本上是受了尼赫魯反殖民主義的影響。印度認為，美國在越南的行為，是繼承法國在當地的殖民主義遺緒。美國則對此有不同的看法，美國把越南視作其在全球圍堵共產主義的主要實驗場所。印度不願支持美國的相關政策，而且提出率直的批評，此使得美國在很多時候較同情巴基斯坦，因為巴國在反共問題上與美國較有共識。

　　第二，美國時常懷疑印度的經濟發展策略，尼赫魯對此的影響是很重要的。尼赫魯主導下的印度經濟，是兼採共產主義和資本主義兩者而成，但是避免前者的壓制與後者的不平等現象，形成印度獨特的正統意識形態。美國對此正統加以挑戰的動機可分兩方面：一方面美國決策者信奉自由企業模式的經濟發展；但另一方面，他們看見一個更加開放的印度經濟，明顯地會增加美國的投資機會。雖然一些印度決策者更喜愛自由的經濟環境，但卻無可避免的想起過去的殖民經驗。外來投資與對印度經濟的滲透，都被視作是侵蝕印度主權的契機。

五、尼克森、福特政府時期

(一)尼克森的反印情懷

　　尼克森和季辛吉認為，重新建構國際秩序將可以分擔美

國自二次世界大戰之後所承擔的過多責任,而且可以在世界主
要強權之間創造一個新的、穩定的關係。尼、季兩人欲建構的
「五角格局」(pentagonal arrangement)使美國、西歐、日本、
蘇聯和中共在相互競爭和互賴中形成平衡。在此一設計中,美
國則較少考量第三世界國家。

　　雖然亞洲在美國的戰略和越南問題上占有重要地位,但
是美國卻很少將焦點放在南亞。正如對大多數美國人一樣,對
尼克森和季辛吉而言,「亞洲」實際上是指東亞。印度次大陸
對美國而言並不具重大利益,而且和其他亞洲大陸的連結也不
大。從尼克森和季辛吉的著作中可以發現,兩人均未針對此問
題作較深入的思考。在一九六〇年的一本著作中,季辛吉贊同
也重申一九五〇年代哈佛大學和麻省理工學院有關印度的傳
統觀念,承認印度在發展中國家之間占有特別的地位。然而,
他在其後的著作中則較少提及南亞。季辛吉在一九六二年訪問
印度和巴基斯坦時,並不認為是一項重要訪問。

　　更重要的是,尼克森於一九五三年以副總統身分,以及
一九六七年以私人身分和落選政治家身分訪問南亞時,受到印
度的忽視,卻受到巴基斯坦的重視。此項經驗使尼克森難以忘
懷,而且多少影響其對次大陸的政策。在一九六七年十月的《外
交事務季刊》(*Foreign Affairs*)文章中,尼克森認為印度兼
具挑戰性和挫敗感,是一個蹣跚前行的巨人,一方面無法實現
其承諾,但是其領導者卻仍持續地努力以赴。尼克森對於這樣
的嘗試並未明白地表示其信心,但是承續詹森的政策,繼續援

助印度並且說服印度進行國內改革,以確保其目標可以更快、更有效地達成。尼克森同時認為印度終將脫離不結盟行列,加入反共的亞太理事會 (The Asian and Pacific Council, ASPAC)。

美國從甘迺迪和詹森政府以來,對南亞尤其是對印度所展現的關切,至一九六九年時已消失殆盡。當時華府的全副心力放在越南,而且一九六五年兩個次大陸鄰居的戰爭使得許多美國人不再沉溺於過去建構的理想中。美國對此區域缺乏關心,充分展現在美國願意讓蘇聯總理科西金(Aleksey Kosygin)在一九六六年一月的塔什干 (Tashkent) 會議中居間協調結束戰爭。事實上,此一舉動象徵美國放棄其在南亞地區扮演安全管理者的角色,並且承認蘇聯在此地區占有優勢地位。美國對於印度和巴基斯坦的安全援助也在印巴戰爭進行期間終止,而且在其後十年之內未曾恢復至過去的程度。然而,美國對兩國的經濟援助則很快便恢復了。印度在一九六〇年代末期穀物欠收時,美國盡全力幫助它度過飢荒。不過這樣的努力主要是基於過去累積的資源。巴基斯坦則不再是美國親密的盟友(美國在巴基斯坦的空軍基地協定並未如期在一九六九年更新),而且印度也不再以中共對手自居,以尋求其在亞洲的領導地位。整體而言,南亞似乎只能在美國新任總統未來四年或是八年任期中扮演較不具重要性的角色。

尼克森政府早期對印度的行為似乎符合以前的預期。季辛吉形容此種關係為「刻意節制的熱誠,就像一對既不能分居

又不能離婚的夫妻」。尼克森政府對南亞的目標為只求避免將
目前既有的議程複雜化。季辛吉指出,尼克森對於印度並不甚
熱切,而且和甘地夫人處不來,但是強調在政治上,尼克森對
於「冷血的」(cold-blooded)印度領袖十分尊重。南亞事務
並非新政府中,季辛吉所召開的政策研究主題之一。事實上,
南亞直到一九七〇年末才開始受到官方的關切,不過也僅止於
較低的層級。尼克森給國會的第一個外交政策訊息只是粗略地
提及南亞;然而,在第二次的訊息中,政策的基本大綱已經成
形。其主要焦點在於區域穩定和發展;蘇聯以及中共的角色大
致是無害的,但是報告中也提到印度和巴基斯坦已經分別和蘇
聯與中共恢復親密的關係,而且這些政策的轉變將影響美國和
這些南亞國家關係的親疏程度。美國並不希望向它們強求更親
密的關係,除非這些國家基於其利益而希望建立進一步的關
係。因此,尼克森政府對南亞的態度是與尼克森主義中所隱含
的節制概念一致。

　　實際上,尼克森之前的每一任美國總統都曾表示,希望
印度在南亞扮演建設性的角色,甚至於反制中共的力量。美國
在尼克森主義下,希望印度扮演區域領導者,分擔美國在結束
越戰之後維持亞洲安定的責任。尼克森在外交事務季刊也提出
同樣的建議。然而,在尼克森擔任總統之後,他對於此一問題
作較深入的思考,對於支持印度擔任南亞、甚至是全球領導者
的意願已經消失。因為他對於中共已經另有安排,無須再借助
強勢的印度角色。而且隨著尼赫魯的下台,其政策和經濟也轉

趨紊亂,印度已經失去擔任領導地位的資格。以印度和蘇聯逐漸親密的角度而言,印度更不可能支持美國廣泛的亞洲利益。

更明確地說,一旦美國決定與中共和解,它不可能在印度面對中共可能的攻擊時,保持自一九六二年以來協助印度的政策。尤有進者,尼克森借助巴基斯坦突破困難,達成訪問中共並改善關係之協議。尼克森政府其後與中共和巴基斯坦形成非正式的戰略合作關係,致在南亞政策上向巴基斯坦傾斜,此在一九七一年的戰爭中表露無遺。

(二)美國象徵性支持巴國

如果不是與全球戰略有關,一九七一年的南亞危機將不可能引起華府的注意和討論。一九七一年印巴第三次戰爭起因於巴國政府對東巴基斯坦的鎮壓。巴基斯坦由東巴基斯坦和西巴基斯坦合組而成,東西兩地並不相連,中間隔著印度。兩地的人民並非同一種族,唯一的共同點是信奉回教,並且反對印度。因此,一九四七年印回分治時,東、西巴基斯坦合組為一國。東巴基斯坦人數較多,但是在國會中只取得與西巴基斯坦相等的席位,因此頗感不公平。但是巴國的軍隊多由西巴基斯坦人所組成,軍方的保護,使得東巴基斯坦要求改革的呼聲難以見效。

一九六五年的印巴之戰使得東、西巴基斯坦的裂痕更趨擴大。東巴基斯坦與喀什米爾相距遙遠,西巴基斯坦為了爭奪喀什米爾,不惜發動戰爭,使得東巴基斯坦面臨印度入侵的危

險。西巴基斯坦如果取得喀什米爾，則更增其在巴國的力量，
對東巴基斯坦並不有利。

因此，一九六五年以後，東巴基斯坦人在莫吉布（Mujibur
Rahman）領導下，要求給予東巴基斯坦更大的自治地位。莫
吉布要求將巴國改組為聯邦，各邦除了外交與國防外，享有其
他方面的自主權，並且要求東巴基斯坦成立自己的民兵[17]。

巴國總統阿育布（Ayub Khan）視莫吉布為叛國者，將之
逮捕入獄。阿育布政府發動一九六五年的戰爭，結果毫無所
得。國內經濟惡化，貪污風盛，人民對之並不支持，東巴基斯
坦人民更因阿育布政府取締並迫害要求自治人士而進行反
抗。阿育布被迫而辭職下台，將政權交給陸軍總司令雅雅
（Yahya Khan）。雅雅宣布舉行大選，結果莫吉布領導的人
民聯盟（Awami League）獲得國會的多數席次，但是前任外
交部長布托（Z. A. Bhutto）領導的人民黨卻宣稱獲勝。巴國
政府的血腥鎮壓，導致東巴基斯坦於四月十七日宣布獨立。印
度藉口大批東巴基斯坦難民湧入，危及其安全，而於十二月三
日派兵進入東巴基斯坦，從而形成第三次印巴之戰。印度於八
月九日與蘇聯簽訂友好條約後，不擔心中共會出兵牽制自己的
行動，結果十二月十五日在東巴基斯坦的巴國軍隊戰敗，向印
度投降，東巴基斯坦獨立成功，稱為孟加拉。

尼克森雖然瞭解巴基斯坦的血腥鎮壓會擴大動亂，但是

---

[17] Ganguly, *U. S. Policy toward South Asia*, 192-8.

為了報答巴基斯坦在打開中共門戶上的協助，為了保持與巴國的友好關係，更因印度與蘇聯締盟，不願對巴國使用美製武器鎮壓人民而公開譴責之。

尼克森政府認知巴基斯坦的分裂必不可免，但是不願作出任何鼓勵分裂的言行。而且為了防阻印度征服巴基斯坦或促成西巴基斯坦的瓦解，美國於十二月六日派遣「企業號」核子航空母艦進入孟加拉灣，以資警告印度，不得乘勝分解西巴基斯坦，同時警告蘇聯情勢有失控之虞，使之節制印度的行為。美國的行動亦是向中共表示，華府是可靠的盟友，會對蘇聯支持印度作出反應[18]。

此次戰爭最重要的結果是印度不再將美國視為對抗中共的盟友（此一觀點在一九七一年七月季辛吉訪問新德里時已提出），而是一必須要預先防範的潛在軍事敵人。一九七一年間中共和美國成為巴基斯坦主要援助者的事實，更讓印度不安，印度擔心這三個國家將形成一種威脅印度的戰略關係。一九七一年八月，印度決定和蘇聯簽訂友好條約，就是在這種考量之下形成的。這樣的決定卻反過來增加美國對印度國際角色的質疑[19]。

然而，一九七二年美國對南亞興趣的消退，正如其一九七一年開始對南亞產生興趣一般地迅速。在一九七二年致國會的報告中，尼克森回顧前一年發生的事件，發覺美國並非要跟

---

[18] *Ibid.*, 216-9.

[19] Chary, *The Eagle and the Peacock*, 134-6.

蘇聯爭奪印度的友好，而是準備作進一步的討論，如何尊重雙方的觀點。如果印度希望能和主要強權維持平衡的關係，美國會作正面的回應。同時，如果南亞最具權力的國家能對其次大陸的鄰國表示友善，這也是符合美國的利益。在與印度重修舊好的態度上，國務院顯然比白宮來得積極。

　　美國雖然削減了對印度的援助，但是只是象徵性的削減。援助計畫一直是一項明確的指標，顯示這兩個世界上最大的民主國家之間有其特殊的連結。然而，六○年代被視為友好合作的舉動在七○年代不復存在。兩個國家的脫鉤過程逐漸開展時，以往大量派駐印度的和平工作團亦降低其角色，並於一九七四年終止，印度也大幅減少美國在印度的學術研究機構。一九七二年印度承認巴解的舉動更引起美國的不滿，尤其是一向對印度較友善的自由派猶太團體。

　　美國與蘇聯在南亞競爭勢力的壓力，已因兩強間逐漸形成低盪而獲紓緩。區域緊張情勢也因為甘地夫人和布托在西姆拉（Simla）會談而大幅降低，為解決一九七一年戰爭之後的爭議而鋪路。

　　在此期間，美國對印度的態度主要分三類。第一，美國積極介入南亞，並非因為南亞重要，而是因為與蘇聯競爭。美國認為，印度對美國而言，並非十分重要。尼克森總統即指出，印度既不能幫助美國，也不會傷害美國。美國官方的說法也特別點出印度與美國距離遙遠的事實，因此和世界其他部分相較之下，印度的重要性不高。

第二，美國瞭解無法將印度和巴基斯坦做一公平的區隔，而且也無意於努力作此區隔，美國認知印度的確在南亞占有優勢權力，而且美國也接受這樣的事實。

第三，美國對印度的態度是希望在「成熟」（maturity）的基準點上，建立兩國一九七一年後的關係。「成熟」一詞不斷出現在此一時期的美國聲明中。

此三項特色共同反應於美國在一九七〇年代中期對南亞態度的基本邏輯，亦即希望避免涉足此一多事之區，以免得不償失。如果印度願意負起南亞領導者的角色，並且確實堅守其不結盟地位，美國其實不會涉入南亞區域體系的安全管理[20]。

為了改善雙方關係，季辛吉於一九七四年十月下旬，以國務卿的身分訪問印度。美印雙方同意在美國國務卿和印度外交部長的共同主持之下，成立每年聚會的共同委員會。此一委員會的主要工作由小組委員會執行有關經濟、科技和文化合作事宜。很明顯地，兩個國家其實已經有充足的管道可以解決這些領域的問題，但是仍希望透過正式的制度組織，以便更有效地直接處理，減少政治因素的介入。因此，兩國的主要外交政策官員每年聚會，可透過會談，針對各種議題進行意見交流。

此次訪問的氣氛大致是和諧有利。季辛吉曾以下列的立場試圖拉攏印度：承認印度的國際地位；美國接受印度與蘇聯的關係；肯定雙方關係的增進；對於西姆拉過程樂觀其成（亦即印、巴兩國雙方在無外力介入的情況下，自行解決紛爭）；

---

[20] Gould and Ganguly, *The Hope and the Reality*, 103-5.

保證美國不介入印度的國內事務；以及促使雙方關係更進一步
的「成熟」。

(三)印度核試

　　印度於一九七四年的核試爆是繼十年之前中國核試之
後，再次對全球禁止核擴散機制的嚴厲挑戰。身為核不擴散政
策的主要推動者，美國尤其無法接受，並且對於印度所堅持的
和平用途說法表示懷疑。此一問題在美國國內喧騰一時，尤其
美國曾與印度於一九六三年簽訂核子合作協定，在印度塔拉普
（Tarapur）建造兩座核能反應爐。雖然無明顯證據顯示塔拉
普的設備與試爆計畫有關，但是許多美國人要求終止與印度的
核子合作計畫，甚至於應該對印度加以懲罰，即使這樣的反應
可能影響美印關係。

　　然而，美國政府選擇低調地處理此一問題。季辛吉力排
眾議，並且要求政府避免用煽動性的言詞或是懲罰性的措施回
應。雖然美國將部分提供塔拉普設備運作的燃料延遲運送，但
是一九七四年八月二日美國與印度又簽訂一項協定，保證繼續
運送所需燃料，同時印度承諾美國所供應的燃料將不會另作他
用。事實上，此一協定儘管面對國內不斷的批評聲浪，仍然持
續至整個福特任期。在季辛吉訪問新德里時，重申美國相信印
度不會將美國核子燃料另作他用。

　　雖然美國政府對於印度進行核試深表遺憾，並且暗示國
會要求美國代表在世界銀行投票反對印度借貸案，然而，對季

辛吉和福特而言，核試已是現實存在的情況，即使遺憾其發生，但是仍然可以由權力政治觀點解釋之。美國抗議印度主權權力所允許的行為實無意義，而且此一行為並未明顯地違反印度與美國的任何協定。美國節制的反應，象徵美國是將印度視為一個成熟的國際行為者，不是需要教訓的任性小孩[21]。

(四)印度的高壓統治

一九七〇年代中期第二個影響美印關係的事件，是甘地夫人於一九七五年六月宣布緊急命令，實施高壓統治。美國的反對聲浪再次高漲，雖然甘地夫人的行動有其表面正當性，但是似乎暗示印度民主的結束，而民主正是印度與美國主要的連結因素之一。季辛吉再一次明白地表示，美國將不會有責罵或是懲罰印度之行動，因為印度國內的緊急命令並不直接影響美印兩國的關係。此外，季辛吉相信美國的抗議將不會有任何正面的影響，反而可能促使印度更加傾向蘇聯。

季辛吉對印度發布緊急命令的反應，遭受強烈批評，批評者認為此事再一次證明季辛吉對道德問題的漠不關心。最後，福特總統延遲批准運送印度的核能燃料，認為此一舉動足以表示美國對印度緊急命令深表遺憾，並且將緊急命令的發布視為「令人遺憾的發展」，希望印度能即時地恢復民主過程。美國的反應雖然極為溫和，仍然引起印度政府和甘地夫人極為強烈的反彈，抗議美國介入印度國內事務。另外，美國記者因

---

[21] *Ibid.*, 137-138.

為違反緊急命令下嚴格的言論限制而被驅逐出境。這些舉動引起官方的抗議，但是尚未在政府層級上，對美印關係造成嚴重的影響。

緊急命令對於美國輿論界的影響深遠，尤其是對堅持與印度保持關係的相對較少數人而言影響更大。由於學術界所引起的問題，以及印度核試爆所帶來的負面反應，緊急命令進一步動搖了美國自由派對印度的支持。媒體批評之聲不斷，而長期以來對印度有異議的批評家，也認為這驗證了其對印度的厭惡。當時離開印度的大使莫乃漢（Daniel Moynihan）提出其見解：「世界人口第二多的國家為一民主國家時，美國對此一國家的繁榮和成功有莫大的意識形態利益。當印度不再是一民主國家時，我們頓時失去實際的興趣」。

莫乃漢在新德里大使館的繼任者前參議員薩克斯比（William Saxbe）對於印度事務更不熱切。薩克斯比明白表示，美國對印度的重要性比印度對美國的重要性大，而美國應該靜待甘地夫人和印度政府確定其所希望維持的雙邊關係。他將此種關係視為不甘心的尊敬（grudging respect），而且嚴格要求自己在職務上不可過分熱切地推展美印關係。他的觀點反應美國對印度態度的巨大轉變。華府的態度並不熱切，僅僅保有合作的準備，但是卻不斷受到輿論的限制，因此也僅止於偶爾對印度的發展表示關心。

雖然美國人對於印度事務並未多作研究，但是美印關係卻與民眾對季辛吉的失望之情發生糾結。一九七一年同情新德

里的團體對於印度尤其失望。禁止核擴散和人權激進分子譴責美國政策對於即將成為國際舞台主角的新議題不熱衷。然而，部分的美國人則接受印度是一逐漸升起的強權的說法，並且認為不應該因為其國內政策而放棄與其來往。

一九七〇年代中期，甘地夫人也開始重新思考印度的國際地位。印度已經明顯的偏向蘇聯，此一現象已不符合印度的需求。雖然蘇聯對印度的支持（例如經濟援助計畫）仍有助益，但是其重要性已不如以前。如果印度希望在國際間保有自主權，必須降低和美國及中國的緊張關係。經濟現況也使得印度必須對西方開放，因為大部分印度所需資源無法由蘇聯取得。印度的國內政策也推動此項重新評估工作：在緊急命令之下，權力逐漸集中於甘地夫人兒子桑雅‧甘地（Sanjay Gandhi）身上，而其對與蘇聯維持戰略關係的興趣，遠不如與西方發展經濟關係。

印度政策的轉變如同以往一樣，斷斷續續地進行。印度於一九七六年恢復與中國大使級的外交關係，並且推動與伊朗的政治和經濟關係，嘗試向華府示好，但是言語之間仍多所保留，反應甘地夫人對美國政府的反感。

一九七五年二月美國決定終止對巴基斯坦和印度的軍事物資禁運後，印度依舊反應激烈，其外長夏文（Y. B. Chavan）拒絕參加美印委員會會議。印度對於美國在印度洋的活動仍保持高度關切，但是兩國逐漸接受雙方關係包含和諧與衝突的雙重成分。兩國關係在美國不得不尊重印度的架構下漸趨成熟，

達成某一程度的穩定。

自一九六五年之後，美國對南亞失去興趣，而其對此區域的政策偏好則是減少介入。一九七一年的事件本身並未改變此種態度，因為就美國角度而言，此一事件並非由南亞因素考量之，而是以全球角度觀之。在戰爭結束以及全球關切減少之後，華府恢復其對南亞的低調處理，對美國而言，只要：(1)印度不要過分壓迫巴基斯坦；(2)印度和蘇聯維持適當的距離，則美國會接受現狀。其實一九七二年的西姆拉協議已經符合第一個標準；甘地夫人拒絕加入蘇聯所提出的亞洲安全體系並與蘇聯保持距離，則符合第二項標準。

如果一九七一年的事件真的嚴重影響美國或印度的重要利益，兩國將連恢復最低層級的關係都無法達成。然而，雙方皆未受到對方行為的嚴重影響，而且很快即開始檢討是否該繼續一九七一年末的對立狀態。更重要的是，美印雙方皆認知需要相互交往。雖然印度對美國而言只是次要的，但並非完全不具重要性，因為它是南亞大國，人口眾多，其國際角色，以及其在一九七一年之後明顯增加的權力，皆使美國無法忽視之。美國對印度也是重要的，其中最重要的原因為經濟和戰略因素（亦即印度的不結盟政策的維持，必須和兩大超強維持一可運作關係）。因此，雙方皆求避免關係持續惡化，以免危及本身的重要利益。除此之外，尚有其他正面的因素，促使雙方改善彼此關係。這些實際且重要的動機並不足以促使雙方積極地重修舊好，但是至少讓雙方以更開放的態度接納對方。

當一九七七年共和黨將總統寶座讓與卡特時，美印關係與當初共和黨主政時相去不遠。由負面角度觀之，雙方已經經歷過苦痛；但是若由較正面的角度觀之，雙方歷經嘗試所達成的成熟態度，已經是不可多得的收穫。雙方皆未要求過高，因此即是關係面臨問題或困難，也不至於過於失望。此種關係是尼克森、福特所塑造形成的，但是卻在經歷後幾年的波折後，方在卡特時代確定。

六、卡特政府時期

(一)美印關係的起伏

美印雙方的良好關係及相互瞭解，時常因單方或雙方彼此的失望及不理性而發生變化。卡特執政時期正好見證了鐘擺的擺動情形：從一開始時的高度友好，發展到後來相當程度的緊張。其中的分界線是：蘇聯在一九七九年十二月入侵阿富汗。至於兩國在核子政策上，則是始終都充滿著歧見，主要是關於美國積欠印度塔拉普核子反應爐燃料的問題，及此類供應受到美國出口核燃料的立場轉趨嚴格的影響。

多年以來，美印的雙邊關係受到蘇聯與巴基斯坦很大的影響。如果美蘇關係及印巴關係沒有經常干擾美印之間的雙邊聯繫，美印關係也許會比早期更加廣闊、深入且堅固。然而事實上，在卡特執政末期，兩國關係並沒有變得更緊密或穩定。

　　圍堵蘇聯，是美國自冷戰興起後堅持採用的主要外交政策。但該政策自一九五五年蘇聯開始支持印度的各項議題後，發生了困難。印度與蘇聯產生了友好而非附庸的關係，因而引起美國決策者的關注。相反地，美國急切地為巴基斯坦提供軍備，因為巴國是個位於蘇聯南方，且與美國友好的反共國家。但美國的這種做法卻經常引起印度的不滿，因為自印度獨立以後，與巴國發生的三次戰爭，其中兩次的戰爭中，印度其實是在對抗美式的槍彈、戰車與飛機。印度敏感的認為情況嚴重。

(二)卡特親印

　　卡特上台的第一年，其實有可能改善上述互相敵對的情況。卡特是在美蘇和解之後上台的，他相信與蘇聯的和解與合作應該更進一步的追求與擴大。這包括嘗試在印度洋達成軍備限制，這也是印度十分關心的議題。

　　在當時的次大陸，卡特政府也看到了印、巴兩國緊張關係的緩和。雙方在一九七二年七月簽署了西姆拉協定，雖然只使兩國在其後的幾年中，取得了短暫的和平，但至少在卡特執政期間，這兩個互相疑忌國家的關係，相對而言顯得冷靜而受到節制。這樣的情況在新德里出現由德賽（Morarji Desai）所領導的人民黨政府執政之後，獲得更進一步的改善。德賽認知到印度的面積與國力對鄰國所產生的威脅，因此決定主動緩和兩國的緊張關係，並推動雙邊合作。

　　卡特政府時期的美國南亞政策，是試圖與印度和巴基斯

坦都保持友好關係。因為如此一來,美國的外交政策便可以通過兩國的各種管道,而降低這兩個南亞主要區域強權之間的緊張關係。即使如此,在卡特執政的前三年中,華府仍較對印度青睞有加。卡特總統本身在印度就有自身的利益。卡特的母親早年曾在駐孟買的和平工作團服務過,卡特因此選派她率領美國代表團,在一九七七年二月十三日出席印度總統阿里(Fakruddin Ali)的葬禮。卡特政府的高級官員們不只一次在造成美國駐巴基斯坦大使館的困擾下,公開指出印度是次大陸的主導強權。由於印度的面積、經濟與軍事實力,使它在卡特一布里辛斯基的「培養有區域性影響力的國家,以分擔美國在戰後過度承受的責任」政策下取得當然候選人地位。

與此同時,美國在四八〇號公法下對印度提供人道糧食援助,保持在每年一億一千八百萬至一億三千六百萬美元之間。對印度更重要的是,美國也對國際開發協會(International Development Association)的資金投注保持在第五次補充(the fifth replenishment)的水準。在一九八〇年,印度就從該協會借到了十二億八千五百萬美元,美國就貢獻了其中 27%(達三億四千六百九十五萬美元)。

由於美國決心協助印度並維護其民主制度,卡特在上台後的第二年,即偕夫人訪問了包括印度在內的第三世界「具有區域性影響力的國家」。該次從一九七七年十二月二十九日到一九七八年一月七日的訪問尚包括了伊朗、沙烏地阿拉伯和埃及。

　　卡特一九七七年一月一日至三日到新德里訪問，這是一次極其成功的總統個人外交的實踐[22]。美印雙方簽署「德里宣言」，確認對民主政體的堅強信念，承認每一民族有權決定其政府形式及政治、經濟和社會政策，承諾裁減並且最終消除核武，主張建立更公正的經濟秩序。卡特顯然只強調雙方有共識之議題。

　　自卡特結束對印度的訪問至其後兩年的大部分時間內，即使雙方對廣泛原則獲得共識，互相尊重及充分瞭解，但是缺乏所謂的「外交硬體」，亦即商業、貿易及其他經濟活動。雙方共同的國家安全利益及軍備供應關係則依舊消失不見。德賽總理於一九七八年六月，回訪美國，與卡特建立了良好的關係。

(三)核子合作

　　卡特總統對印度的興趣，反映在他派駐印度大使於一九七七年五月就任及稍後返國述職時，皆被安排與總統會面。這種特權不是其他大使所能享有的。此外，在派遣駐新德里大使時，卡特特別指示大使傳話給印度總理德賽，如果印度可以保證：(1)不發展核武；(2)與美國談判有關兩國核子政策的合作事宜，則美國保證提供印度期待已久的核燃料。德賽是甘地主義者，厭惡核武，世所週知，因而毫不猶豫地答應了美國的要求。他絕不允許印度發展核武，並表示其政府願意與美國談判

---

[22] *Ibid.*, 151.

有關的核子政策。

印度的核能研究始於一九四六年。到了一九五〇年代，其核子科技已可做為獨立的經濟開發及能源供應的有力手段。作為其核能生產的首次商業開發，印度找上了美國，其成果是一九六三年兩國所達成為期三十年的核子合作協定。依據此協定，美國將為位於印度西部的塔拉普負責建造、持續供應及防護兩座通用電力公司的輕水動力反應爐，協定也包括了美國同意負責提供反應爐三十年的燃料。國際開發協會也增加一筆七千八百萬美元的低息貸款，以幫助印度購買上述裝備。然而，隨著印度不理會美蘇的強力勸說，拒絕簽署一九六八年的核不擴散條約，因為印度認為該約限制各國擁有核武，是一種歧視及對國家主權的侵犯。一九七四年印度又不顧美國的反對，在拉加山（Rajasthan）沙漠進行了一次地下核試爆。雖然印度堅持這是一次和平用途的核爆裝置，但此事件仍造成了西方國家，尤其印度主要的核燃料供應國的恐慌及不安。

卡特上台時，印度申請進口 7.63 噸的低純度鈾（low enriched uranium）的執照，以應付塔拉普核電廠反應爐的需求。這次行為是依前述條約進行，但是美國核子管制委員會（Nuclear Regulatory Commission）卻以印度「對核燃料再提煉時缺乏有效的防護」及不符合法律規定為由，於四月二十日拒絕發出執照，並且不允許裝船。但一週之後，當印度總理答應了美國的要求，卡特總統便發出了授權裝船的許可令。當國會正要反對時，該批燃料早已完成裝船作業。

　　一九七七年美國政府及國會都努力立法，以防範核子擴散，美國也與其歐洲盟邦及日本商討相關議題。雖然卡特總統於一九七七年四月二十七日送到國會的法案試圖尋求通過對現行協定的再協商，以加強美國與他國核子合作的條件，而非在新的出口執照上單方面增加條件，但國會在一九七八年制訂的核不擴散法中作了嚴格的規定，從而導致美印核子合作的終止。為了確保美國的核燃料供應，該法規定非核武國家必須同意：(1)接受國際原子能總署對其核設施的監控；(2)不生產或取得核爆裝置；(3)對美國供應的核燃料不進行再提煉；(4)如果不能透過再協商而達到上述要求，現行的協定將中止，該法案的效力溯及以往[23]。印度政府不願接受此等規定，使得美國停止對印度塔拉普核電廠的燃料及零件的供應。甘地夫人於一九八〇年三月再度掌權後不久，便宣布美國拖延對塔拉普反應爐的燃料供應，是對兩國所簽協定的違約行為。美國不願授權印度對使用過的塔拉普反應爐的燃料再處理，因為再處理後會提煉出鈽，而鈽是製造核武的原料。

　　一方面出於履行協定的責任感，他方面為了維持與印度的友好關係，並平衡美國加強與巴基斯坦的關係，卡特在一九八〇年六月再次不顧核子管制委員會的反對，批准兩艘載著39.7 噸低純度鈾的船隻開往印度。雖然眾議院投票反對總統的行動，參議院經過激辯之後，以兩票之差不同意眾議院的立

---

[23] Chary, *The Eagle and the Peacock*, 152-3.

場，第一艘船迅速完成裝船作業。然而在穆斯基（Edmund Muskie）國務卿及參院外交委員會主席邱池（Frank Church）的妥協下，美國政府將第二艘船的裝運暫緩一年，但其實是永不裝船。

卡特政府亦防範巴基斯坦發展核武。巴基斯坦自一九七四年印度成功進行核子試爆後，即開始研究核子武器。布托總理更屢次向國民宣示政府發展核武的決心，並且從西方國家、中共與回教世界得到技術和金錢的援助。美國對巴國從事核武研究一事，一直進行密切監視，且向巴國提出警告。布托政府並沒有因此而收斂，迫使卡特政府對巴國採取行動。先是在美國的壓力下，加拿大政府宣布禁止一批巴國訂購的核子反應爐的燃料棒出口。法國原本要為巴國在卡奴普（Kanupp）建造反應爐，也在美國的壓力下片面中止履行合約。一九七九年十月，美國以核武擴散為由，停止了對巴基斯坦的軍經援助。

(四)蘇聯入侵阿富汗

蘇聯在一九七九年十二月二十四日入侵阿富汗震驚了華府。華府基於防止蘇聯進一步向南亞擴張影響力及勢力，重新重視巴基斯坦的戰略價值。巴基斯坦作為一個前線國家及潛在阻擋蘇聯南下的國家，馬上在華府的政策中占有重要位置。卡特立刻向巴基斯坦重申，美國會履行其與巴國在一九五九年所簽的協防條約。

美巴關係因華府發現巴基斯坦秘密建立濃縮鈾的工廠，

而自一九七九年四月起開始緊張。美國也因此切斷對巴國的經濟與軍事援助。蘇聯侵入阿富汗改變了這種情況，美國急於與巴國重建軍事同盟關係，核武因素不再是兩國關係的障礙。一九八〇年二月時，總統的國家安全顧問布里辛斯基訪問巴國，在停留的數天中，絕口不提核武問題，只向巴基斯坦提議恢復軍事與經濟援助。美國的第一筆援助承諾是四億美元，當巴國齊亞將軍同時向伊斯蘭會議與中共和美國同時尋求援助時，認為布里辛斯基所提供的數額是「微不足道」，美國則表示四億只是開始，往後只多不少，但是巴國拒絕接受。

印度馬上對美國援助巴基斯坦產生強烈反應，印度外交部長召見美國大使，表達印度對美國軍援巴國的關心。印度官方並未譴責蘇聯的行為，反而認為美國海軍在印度洋的活動是導致蘇聯行為的原因。印度只低調表示蘇聯應履行其承諾，自阿富汗撤軍。美國對印度偏袒蘇聯的行為，自然頗為憤怒。

在卡特大部分任期內，印度從高度理想化的美國外交政策中取得大量好處。但蘇聯入侵阿富汗，又再度激起華府的冷戰思考模式，也意味著美國在南亞的利益再度屈從於美蘇全球敵對狀態之下。

七、雷根政府時期

雷根政府對印度的政策每隔幾年即改變一次，反應美國的不同政策目標和利益。在一九八一和一九八八年間，尤其是

在一九八二至一九八三年以及一九八五至一九八六年，美國政策丕變。大致上雷根政府所尋求的政策是希望能增進美國的利益，包括短程以及長程利益。

美國在南亞主要目標有三：第一個目標為圍堵蘇聯勢力（就此而言，較少考量印度因素）；第二個目標為鼓勵印度戰略自主性（即減少印度對蘇聯的依賴，此一目標成效有限）；第三個目標為阻止核武擴散（在此印度居重要地位，而且其作為頗令美國人失望）。

這些目標並非同等重要，而且美國也不期望能同時達成。但是三者皆受到不少的討論，並且在美國政府內獲得高度的認同。就某方面而言，每一目標或多或少皆與既定政策背離。這些目標的同時追求，對雷根政府決策者的技巧和政治手腕形成莫大的挑戰。

(一)圍堵蘇聯

一九八一年美國所面臨的主要區域問題是：蘇聯駐軍阿富汗，可能進一步南下印度洋。這再次挑起美國將主要敵對勢力排除於南亞的歷史區域政策。蘇聯占領阿富汗，影響美蘇在其他區域的關係，以及歐亞大陸的權力平衡。

卡特政府在阿富汗事件後，已重新重視巴基斯坦。但是雷根官員認為，巴基斯坦的重要性不僅於此，遠過於卡特政府的看法。保守的阿拉伯海灣國家對於伊朗革命以及蘇聯入侵阿富汗十分緊張，而巴基斯坦與這些國家保持著良好關係。伊朗

本身也有其緊急問題，因此不容忽視；而巴基斯坦不因伊朗革
命而破壞原本與伊朗的良好關係。在這些情況中，美國與巴基
斯坦的利益是平行而非衝突的（而且在這些情況中，兩國的相
互利益並未與印度的利益衝突）。巴基斯坦與中共維持良好關
係，恰巧與華盛頓與北京的戰略關係吻合。因此巴基斯坦對於
美國地緣戰略利益有四重的重要性：在波斯灣和伊朗扮演同情
者的角色、作為中共的友邦、在阿富汗問題上扮演重要角色，
以及未來蘇聯擴張的可能目標。

　　印度在上述考量中並未凸顯任何重要性，美國只期望印
度至少會克制其對巴基斯坦的壓迫。印度是可以輕易地對巴基
斯坦施壓，因為它占有軍事優勢，而且儘管面對美國、中共以
及沙國對巴基斯坦的支持，印度仍會繼續維持該優勢。印度無
法確定的是，在未經挑釁而和巴基斯坦發生衝突時，美國對巴
基斯坦防衛承諾的程度。

　　儘管印度在上述議題中表現正常，然而在聯合國的表現
以及對於美國對巴基斯坦軍火援助的猛烈抨擊，都讓美國決策
者無法相信，印度可以在勸說蘇聯由阿富汗退兵一事上有正面
的助益。印度深知其對蘇聯的影響力有限，又持續依賴莫斯科
提供精良的軍事硬體設備，而且也許印度相信蘇聯不可能撤出
阿富汗，因此在撤軍一事上，印度不願意逼迫蘇聯。

　　一開始，巴基斯坦曾事先警告美國說，蘇聯與印度聯合
攻擊的可能性，然而華府並未接受這種論調。美國的判斷為，
印度不太可能插手阿富汗事件，但是這並不嚴重影響對抗蘇聯

勢力的努力，或是阻礙巴基斯坦和美國的外交活動。此項判斷
是基於一項正確的評估，認為印度為了自己的重要利益，會儘
量將蘇聯排除於此區之外。

　　雷根上任後，向巴國開出停止發展核武和允許美軍設立
基地兩條件，以交換數十億美元的援助，包括出售 F-16 等精
密的武器，這些條件沒有得到巴國立即的接受。一九八一年六
月雷根政府同意向巴國提供為期五年三十二億美元的軍經援
助，其中包括四十架 F-16 戰機。

　　藉由支持巴基斯坦而圍堵蘇聯的政策，對於美國和印度
的關係有三點操作涵義。第一，美國持續鼓勵印度與巴基斯坦
在戰略、政治以及經濟方面的合作。此項鼓勵性的政策一開始
並未受到印度的重視，因為該項政策乃基於對巴基斯坦的安全
考量，而非基於印度安全的考量。加強區域合作機制，尤其是
南亞區域合作協會（the South Asian Association for Regional
Cooperation, SAARC），也可增強這樣的目標。

　　第二，美國再次向巴基斯坦保證，承諾協助它對抗蘇聯
的直接攻擊。雖然巴基斯坦對這些保證並不完全滿意，但是這
些堅定的保證確保美國在攻擊發生後可能的協助，此使印度在
同意與蘇聯共同攻擊巴基斯坦前不得不三思而後行。

　　第三，很明顯地在一九八二至一九八三年以前，印度與
巴基斯坦關係不容忽略，而且有關期望印度與巴基斯坦合作的
宣告，並未給予新德里足夠的動機去進行合作。美國必須與印
度進行對話，以保護其與巴基斯坦的立場，而且這樣的對話可

透過加強美國與印度的關係而達成。然而，美國決策者在評估加強與新德里關係可能獲利時，他們看到其他的優點。由此產生第二項主要區域目標，即促使印度脫離蘇聯的影響力。

(二)加強與印度的關係

可以確定的是，新德里同時也做了類似的考量。印度戰略學家必定是得出下列的結論，認為除非印度親近美國，否則將不易動搖美國與巴基斯坦的關係。美國欲與印度改善關係，而印度亦欲改善與美國的關係。雙方皆認為，不論彼此與巴基斯坦個別的短程關係如何，美印之間的長程關係對彼此皆有利。部分美國人（尤其是保守人士）認為印度是一新興的區域強權，而且在意識形態上比中共更能讓美國人接納之。但美國認為，只要巴基斯坦仍為圍堵蘇聯的「前線」國家，印度將無法取代巴基斯坦的地位。部分印度人由長程利益看待與美國的關係，認為恢復過去的關係對印度有利，尤其是在科技轉移方面。

即使一九八五年六月拉吉夫·甘地成功訪問華府之後，美印雙方並未打算改變其盟友[24]。印度太過依賴莫斯科，致難以考量改變盟友的戰略行動，而美國在強大蘇聯壓力之下，斷不可能背棄巴基斯坦。此時，戈巴契夫要求蘇聯軍隊一年內戰勝阿富汗反抗軍，因此巴基斯坦承受的軍事壓力於一九八六年

---

[24] Satu P. Limaya, *U. S.-Indian Relations: The Pursuit of Accommodation* (Boulder, Col.: Westview Press, 1993): 39.

驟增。

　　對美國努力促進印巴關係的改善，以及美國朝印度靠攏，巴基斯坦的反應十分有趣。齊亞總統與以往巴國總統不同，而熱切地支持美國的努力。他之所以作此反應，可能是認為新德里不會改變政策，而接受美國捨棄蘇聯，亦可能是要克服巴基斯坦人歷史上的恐懼，即擔心美國可能在兩個南亞國家之間選擇較大的國家為盟友。

　　印度與蘇聯的關係似乎也開始緊張。戈巴契夫的海參崴演講，以及其在新德里訪問期間的聲明，似乎對印度的興趣已經下降（儘管蘇聯仍提供印度可觀的新型軍事科技）。如果不是因為可以取得該等軍事科技，印度改善關係的決定對華府似乎是明智之舉。

　　美國企圖幫助印度脫離蘇聯影響力的政策有其基本困境，亦即無法動用足夠的軍事設備以及先進的科技，使美國成為蘇聯的重要替代者。尤有進者，許多美國決策者相信，美國如果採取此種努力，只會讓印度更有籌碼與蘇聯交涉。美國對於印度失去其政策自主性，並且印度在各個國際論壇中反對美國，而對於蘇聯在印度取得立足之點的情形，確實仍無法釋懷，因為該一情勢未來可能對美國的戰略利益不利。

(三)防止核武擴散

　　雷根政府在南亞核不擴散政策上歷經了三個重大轉變。第一個轉變與印度有關，第二個轉變與巴基斯坦有關，第三個

轉變則是一區域核武管制倡議（regional nuclear initiative）。
美國早先拒絕供應塔拉普反應爐所需的燃料，使得美印關係受
損，但是並未對印度或是巴基斯坦的軍事核子計畫產生任何影
響。印度已因核武計畫而付出代價，巴基斯坦則因印度的核試
而加速一連串廣泛的秘密計畫。雷根政府為了消除美印關係上
的一大障礙，決定同意法國售給塔拉普反應爐的核燃料，此法
固然不違背國會的法律，但是事實上已放棄防阻印度核武的發
展。此一決定惹怒了巴基斯坦，明確指責美國對於「朋友」巴
基斯坦不假詞色，卻對印度好言相向[25]。

　　雷根政府的第二項核不擴散政策轉變是將軍售與巴基斯
坦的核武計畫做一連結。雷根政府決定排除對巴國的制裁，促
使國會恢復對巴基斯坦的援助法案，法案的附帶條件是巴國不
得研發核武器。此項決定對於巴基斯坦的行為有所期待，同時
也間接地對印度有所期望。美國認為，只要巴基斯坦接受美國
的軍事設備，巴基斯坦將會停止或是節制其核武計畫，如此一
來可望藉此減緩南亞核武擴散的腳步。然而，雷根政府顯然高
估美國對巴基斯坦的影響力。後來的發展顯示巴國並未認真執
行此一但書，白宮也知道目前情勢下，美國需要巴國更甚於後
者對前者的需求，華府沒有太多的本錢要求巴國中止核武計
畫，加上這則但書只是用以平息國會的反對聲浪，並且為日後
的美巴關係作辯護。因為巴國的核武仍在初期研發階段，白宮

---

[25] *Ibid.*, 93-129.

並未放棄阻止巴國擁有核武的行動。雷根在一九八四年九月向
齊亞總統建議，希望以提供核子保護傘的方式，換取巴國中止
核武計畫。同時，中情局一份送交參議院情報委員會的機密文
件忽然洩漏出去，其內容指出印度可能偷襲巴國在卡胡塔
（Kahuta）的核子設施，此事引起印巴關係的緊張。這件事有
可能是美國為了警告齊亞而設計，目的在於迫使巴國放棄核
武，或是趁巴國在轉移設備與人員時，探查巴國藏匿核武的真
正地點。

　　雷根政府或許因為擔心對巴基斯坦施加太多的壓力，從
而激怒巴基斯坦，而使美國藉巴國援助阿富汗反抗軍的戰略遭
到失敗，因此美國決策者提出第三項決定：推動一區域核武協
議，使南亞成為非核區。此一倡議從一開始即注定無法落實，
因為其對於區域的概念定義太過狹隘。印度可以而且實際上也
如此宣稱，中國為南亞核武問題的一部分，而且任何的區域協
定必須包含北京。

　　一九八七年七月，美國的援巴計畫差點因為巴國退休將
領在美國走私核武組件一事而中止。美國國會在法院判決該巴
國將領有罪後，決定阻止新的援巴法案通過。但是雷根政府遊
說國會，白宮為使蘇聯及早從阿富汗撤軍，在極力奔走遊說之
後，終於使國會擱置薛明頓修正案（Symimton Amendment）
中「研究核武不得接受援助」的規定，新的六年援助法案才能
通過。一九八八年蘇軍從阿富汗撤出後，美國國會雖然刪減一
九八九年的援巴金額，不過軍援部分反而增加。白宮以鞏固巴

國民主政府為由，要求國會繼續撥款。白宮的考慮多半是為了
維持南亞的權力平衡。此時美蘇雖然出現和解的跡象，但是印
蘇關係並未出現重大變化，而新德里剛從蘇聯得到米格 29 戰
機和核子動力潛艇，當地戰略天平有失衡之虞。美國不能在此
刻放棄巴基斯坦，以免文人政府瓦解，而引發另一次印巴戰
爭，況且美國一直認為印、巴兩國都有核武，難保巴基斯坦在
傳統武力不敵印軍時投擲核武。據估計白宮在八〇年代每年援
助巴基斯坦約六億五千萬美元。

(四)戰略考量之外的其他議題

　　雷根政府對於印度尚有其他的考量，其中有兩項具有特
別的利益。多年來，印度政府對於美國有關恐怖活動包括劫機
等的關切總是敷衍了事，印度領導者刻意地(而且實際上執行)
歡迎美國所指支持以恐怖主義為國家政策工具的外國政治領
袖。同時，印度也批評美國並非盡心地打擊恐怖主義，指責美
國應該為危及美國無辜人民或是民用航空器的恐怖主義負責
（因為美國支持以色列、英國以及其他遭受恐怖分子攻擊的國
家）。這樣的論調在印度遭受恐怖主義危害時持續進行，而官
方以及非官方的說辭皆認為美國曾支持印度錫克教分離主義
者組成的卡利斯坦派（Khalistani）暗殺和恐怖主義者。不過
美、印兩國多年的緊密合作終結了這樣的批評。從美國角度觀
之，印度對恐怖主義的政策其實是可以理解的。然而，這樣的
政策疏失不斷，尤其當韓航飛機被北韓人士放置炸彈而導致乘

坐該機訪問緬甸的南韓閣員多人罹難後不久，拉吉夫·甘地旋即招待北韓總理，頗令美國不滿。不過雙方平時的合作進展良好，因為兩者皆可從緊密的合作關係中獲利。

同樣地，合作對抗販毒的工作也有進展，印度和巴基斯坦不願與美國的販毒者合作。然而，兩國皆發現，如果能獲取美國的專業人才、科技以及相關知識，對兩國都有助益。不過兩國皆同意美國的提議，將毒品和恐怖主義列為南亞區域合作協會（SAARC）的主題。

雷根政府的表現可圈可點，美國與巴基斯坦形成一新的、有限的戰略關係。在此項關係中，美國並未承諾對抗印度，同時卻強化巴基斯坦對蘇聯的反抗。令人意外的是，在一九八四至一九八五年之前，將蘇聯進攻阿富汗視為美國最重要區域議題的美國政府卻計劃向印度開放。這要部分歸功於巴基斯坦的外交手腕，尤其是齊亞總統，他認為緊密的美印關係對於巴基斯坦是有利的。整體而言，美國對南亞的政策是成功的。它在判斷、時機和執行上或有瑕疵，但是從許多標準觀之，這些政策皆有助於增進美國及巴基斯坦的利益，而且至少不影響印度的重要利益。

常用以形容美國—印度關係的譬喻為兩國多年來的關係是上下起伏、有好有壞。這已經是陳腔濫調，真正的變數是美國對南亞驟然的交往和脫鉤政策。一九四〇年代和一九五〇年代是交往政策；在一九六五年之後則有一段長時間的脫鉤；而一九八〇和一九九一年則有恢復美國區域角色的跡象。在每一

段美國介入南亞的期間，印度和巴基斯坦的部分重要利益獲得
增進，有些則受損。

第四章
布希政府的南亞政策

　　布希上台後，適逢冷戰終結，而蘇聯不久又開始崩解。
國際局勢進入一個過渡時期。布希政府處此過渡時期，政策上
雖欲作必要調整以因應新局勢，但是又因無法充分掌握局勢的
確實發展，而不願在政策上作大幅度的調整。此種保守作風充
分反映於其南亞政策上。

一、防阻核武的擴散

　　美國在雷根政府時期，一方面加強與巴基斯坦的同盟關
係，以牽制蘇聯在阿富汗的勢力擴張；他方面亦設法防阻巴基
斯坦發展核武及中程飛彈。一九八五年美國國會通過「普萊斯
勒修正案」（the Pressler Amendment），規定總統每年須向國
會提出報告，認證巴基斯坦並未發展核子裝置（a nuclear
device），即未發展核武。如果巴基斯坦擁有核子裝置，美國
必須停止對巴國軍經援助，包括軍事裝備或技術的出售或移
轉。

　　八〇年代，美國與巴基斯坦合作，共同支持阿富汗反抗
軍，打擊蘇聯的軍隊。基於此種戰略關係，美國總統每年皆向
國會表示，並無證據顯示巴基斯坦暗中發展核武。事實上，美
國情報單位早已認為巴基斯坦已在發展核武。

　　蘇聯與美國於一九八八年四月二日簽訂日內瓦協定，規
定蘇軍自五月十五日起九個月內自阿富汗完成撤軍[1]。因此，

---

[1] 周煦，《強權競爭下的阿富汗》，台北：漢苑，79 年，146-8。

布希執政之後不久，蘇軍已依約撤離阿富汗，巴基斯坦牽制蘇聯的戰略價值基礎已漸漸轉變。惟阿富汗在蘇軍撤離後，內戰並未終止，美國仍然希望與巴基斯坦在解決阿富汗內戰一事上取得合作及一致的立場。因此，布希政府繼續採取加強與巴國的軍事安全關係。

　　布希政府的另一項考量，是巴國碧娜芝‧布托（Benazir Bhutto）政府上台。一九八九年阿里‧布托之女碧娜芝領導巴基斯坦人民黨贏得國會選舉，當選該國第一任女總理。這位哈佛大學的畢業生很快就贏得美國的好感，美巴關係暫時得到穩定。

　　一九八九年六月巴基斯坦總理碧娜芝訪美，與布希進行會談。布希重申美國對巴基斯坦的安全和經濟發展的承諾，同意售予巴國二十八架 F-16 戰機，總價達十四億美元。布希亦要求國會在一九九〇會計年度給予巴國三億八千萬美元的經援和二億四千萬美元的軍援，此項援助是根據雷根政府對巴國所作六年四十億美元的援助承諾。布希表明，蘇軍雖已撤離阿富汗，但是蘇聯扶植的阿富汗共產政權仍然存在，而阿富汗反抗軍尚未成功推翻該政權，因此與碧娜芝同意雙方在阿富汗的工作尚未結束[2]。

　　同年五月，美國中情局局長韋伯斯特（William H. Webster）曾警告說，跡象顯示印度有興趣取得核武的能力，

---

[2] 《中央日報》，民國 78 年 6 月 8 日，版 4。

而巴基斯坦明顯的從事核武的發展，因而南亞將出現核武競賽。碧娜芝訪美時，曾向韋伯斯特及布希保證，巴基斯坦沒有興趣去製造核武，也不會去製造之。她並且要求布希協助巴國與南亞其他國家簽署禁止核子試爆的條約，布希則要求她停止巴國的核武發展[3]。

巴國核武發展操於軍方之手，碧娜芝所說巴國不製造核武之言並未取得軍方的支持。美國無法勸阻巴國繼續秘密發展核武，在阿富汗情勢轉變而布希政府無意再介入的情形下，華府終於就事論事，不再容忍巴國的核武發展。

一九九〇年十月，碧娜芝因貪污案被總統衣夏克（Ghulam Ishaq Khan）罷黜。同時布希政府向國會報告，無法證明巴基斯坦未從事核武的發展。當時布希與戈巴契夫在赫爾辛基為伊拉克入侵科威特事件進行會談，戈巴契夫展現極為合作的態度。加上蘇聯境內共產黨政權基礎開始動搖，作物欠收、物價高漲，社會問題不斷，單單在一九九〇年中就有約三百萬名共產黨員退黨，蘇共跨台已是指日可待。印度總理辛格也為了因應國際局勢變化開始調整外交政策，加強與歐體、日本及美國的來往。辛格為加速經濟改革，竭力爭取美國的投資。如此都使得美國在南亞的影響力提升至前所未有的境界。於是，當美國國會在一九九〇年十月依照「普萊斯修正案」停止援巴計畫時，白宮再也不堅持翻案，甚至連中央情報局長都在聽證會中表示巴國很可能擁有核武，和兩年前極力為巴基斯坦辯護的態

---

[3] *Washington Post,* June 7, 1989, p.4.

度完全不同。

　　美國只是停止對巴基斯坦官方軍經援助，並未終止對巴基斯坦的商業武器銷售。據布希政府資深官員表示，在一九九○年十月一日起算的一九九一會計年度，國務院批准了近一億美元的商業銷售。國務院官員的理由有三：一是援前例辦理；二是穩定與巴基斯坦的長期盟友關係；三是所售武器皆是維持美國以往所售武器的配件，而非新的武器。但是「普萊斯勒修正案」的起草人普萊斯勒（Larry Pressler）參議員則認為，該修正案亦禁止商業銷售[4]。

　　美國實施制裁之後，要求巴國允許進行查視（inspections），以便證實巴國所稱並無核子裝置之說法。巴國基於主權的尊嚴，拒絕美國的要求。雙方亦對核子裝置之定義，意見不一。美國主張核子裝置不僅指已經組合成功而可供發射的裝置，亦包括其組件。美國亦要求巴國單方面遵守禁止核武擴散條約的規定，此與巴國一貫政策相違，巴國自難同意美國的要求[5]。

　　美國的制裁對巴國的衝擊很大，美國經援的停止使得巴國的經濟情勢更趨惡化。美國軍援的切斷使得巴國無法取得已訂購的數十架 F-16 戰機，而且必須自他國設法獲取其已有戰機、坦克等武器的零件。但是美國切斷對巴國的軍援，削弱了

---

[4] *Ibid.*, March 7, 1992, p.4.

[5] Nazin Kamal, "Nuclear and Missile Proliferation Issues: Some Approaches to Stability in South Asia," *Contemporary Southeast Asia*, 13:4 (March 1992), 378-9.

巴國傳統武力對印度的嚇阻力,增加了巴國的不安全感,從而提升了巴國國內要求發展核武的呼聲,使美國制裁的目的更難達成。美國的制裁亦削弱了美國對巴國的影響力。

美、巴兩國經過數度會談後,因制裁而形成的緊張關係逐漸和緩。一九九一年六月六日,巴基斯坦提議邀集蘇聯、中共和美國,參加防止印、巴兩國核武競賽的五國會議,並將在南亞建立非核區[6]。美國支持巴國所提舉行五國會談,討論核武問題。一九九一年十一月,美國國務次卿巴塞羅謬(Reginald Bartholomew)訪問印度,要求印度參加五國會談,美國的目的在求阻止南亞核武的擴散。美國認為,將南亞敵對的國家聚集一堂,討論和平及軍備管制,即使只能獲致初步協議,對最終問題的解決仍有幫助。印度只願討論核武方面的信心建立措施,拒絕討論限制核武或飛彈的發展[7]。

印度拒絕的主要原因有三:第一,印度長久以來即反對區域性核武管制的談判,認為核武問題是全球性而非區域性問題,而印度為了嚇阻中共,須有核武發展計畫;第二,印度擔心巴基斯坦會利用五國會議的機會,重建因美國制裁而中斷的密切軍事和政治關係;第三,巴基斯坦會因願意放棄核武而在外交上獲得勝利,並使印度成為南亞唯一非法擁有核武的國家[8]。

---

[6] 《聯合報》,民國 80 年 6 月 16 日,版 8。

[7] A. G. Noorani, "An India-U. S. Détente: Potentialities and Limits," *Global Affairs*, VII: (Fall 1993), 128.

[8] Steve Coll, "U. S. Nuclear Diplomacy in South Asia Faces Obstacles," *Washington Post*, February 8, 1992, A 15.

　　巴基斯坦的新政府，在中間派的夏立夫（Nawaz Sharif）總理和立場溫和的陸軍總司令拿瓦茲（Arif Nawaz）將軍領導下，不斷向美方表示，可以減少濃縮鈾和鈈的提煉及分解某些核武組件之類的辦法，以便化解「普萊斯勒修正案」的制裁。但是巴國政府亦表明，如果巴國停止發展核武而印度不採取類似行為，則政治上無法向國人交待。

　　俄國和中共雖然同意參加，五國核武會議終因印度拒絕參加而未能舉行。美國雖然對印度施加外交壓力，亦未產生效果。

二、防阻飛彈的擴散

　　八〇年代飛彈技術擴散至第三世界國家，而兩伊戰爭中雙方皆大量使用飛彈。美國為了防阻飛彈技術的進一步擴散，於一九八七年糾合英、加、德、義、日和西班牙等國，建立「飛彈技術管制建制」（Missile Technology Control Regime）。參加國經由國內法規，加強管制飛彈技術、原料和組件等的輸出。然而，第三世界國家多已藉助西方國家對它們所派的科學家、工程師等人員的訓練，早已獲得許多有關飛彈發展的科技。

　　美國在防阻南亞飛彈擴散議題上，重點是針對巴基斯坦，因為印度早已擁有自製飛彈的能力，美國難以阻止，而巴基斯坦尚未具備該項能力。美國認為中共是協助巴基斯坦發展飛彈的主要外來來源，因而一再要求中共遵守飛彈技術管制的

規定。一九九一年四月，美國媒體報導指出，中共違背一九八
八年對美國國防部長卡魯西（Frank Carlucci）的保證，出售
M-11 飛彈的發射器給巴基斯坦。在美國強烈反對下，中共出
售飛彈的傳說並未成真。美國於一九九一年六月十六日宣布凍
結出口超級電腦給中共，並禁止將衛星零件售給中共。同年十
一月，中共向到訪的美國國務卿貝克（James Baker）當面保
證，絕對不會違背「多邊飛彈技術管制協定」的規定，但是條
件是美國必須取消禁止出售衛星零件及超級電腦給中共的禁
令[9]。布希政府於一九九二年二月二十一日接受了中共的要
求，以國家利益為由，取消了該項禁令[10]。惟至一九九二年七
月，美國助理國務卿戴維斯訪問北平，對傳聞中共仍出售 M-11
飛彈給巴基斯坦之事表示關切。中共否認出售飛彈給巴基斯
坦。

　　一九八九年七月，布希政府決定禁止售予印度總值一百
二十萬美元的聯合加速震動氣候測試系統（Combined
Acceleration Vibration Climatic Test System）。商業部於一九
八五年曾批准出售該系統，但是兩年後，美國領導成立「飛彈
技術管制建制」。依照該建制的規定，該系統亦在禁止出售之
列。該系統的「力道程度」（force level）有三萬五千磅，超
過允許出售標準的二萬二千五百磅。該系統的「力道程度」足
以使飛彈在載運一百磅的彈頭時，能加速至超過地心引力三十

[9] *Dispatch*, 2:47 (November 25, 1991): 859.
[10] *New York Times*, February 22, 1992, A1.

五倍的拉力，它可用於飛彈的測試。商業部雖早已批准出售，但是直至一九八八年仍未交貨，出口商必須重新申請輸出許可證。中情局與國防部官員擔心該系統會提升印度的核武和飛彈能力，反對出售。商業部和國務院則贊成出售。國會的若干議員認為印度於五月下旬曾試射射程一千五百英里的火神（Agni）彈道飛彈，與美國力求降低飛彈擴散的政策相違，因而反對出售該系統予印度。布希最後決定不予出售[11]。

　　一九八九年五月中旬，布希政府對進行飛彈技術交易的俄國和印度太空機構（俄國的 Glavbosmos 和印度 Space Research Organization）實施有限的貿易制裁。制裁的措施包括在兩年之內禁止向該兩個機構出口需領取許可證的產品，禁止輸入它們的產品，禁止美國政府與它們簽訂協議。

　　涉及的交易是俄國向印度出售製造飛彈的技術，總價約二億五千萬美元。印度聲稱是用於發射商業衛星火箭。美國認為，該發動機的動力足以使攜帶核彈頭的飛彈射程，超過「飛彈技術管制建制」所規定的三百公里[12]。蘇聯瓦解後，俄國承諾遵守該建制的規定。美國反對俄國出售無效後，採取制裁措施。該兩機構都是國營的，但是美國避免刺激俄、印兩國，只對該兩個機構而不對兩國政府施加制裁。

---

[11] *Washington Post*, May 28, 1989. A 8; 《青年日報》，民國 89 年 7 月 19 日，版 6。

[12] *Washington Post*, May 12, 1989. A 15.

三、防阻化武的擴散

由於印度化學工業的高度發展，使它成為美國努力約束化武擴散的目標之一。在一九九二年九月，美國政府成功地在塞浦路斯攔截一艘載著印度軍民兩用化學物質前往敘利亞的德國商船。

印度透過限制出口四種「核心」化學原料及要求其餘十五種原料出口前必須事先得到批准，來低調回應美國及西方國家對其出口化學產品和原料活動的批評。新德里不斷抵抗美國要求其立法管控兩用化學原料方面的壓力，並且聲稱這種要求是西方國家企圖控制第三世界經濟的另一種方式，並增加西方國家對國際市場的宰制。

四、維持並加強安全聯繫

儘管美國反對南亞地區飛彈和核武的擴散，布希政府也明顯地強調，必須維持並加強與印、巴兩國的安全聯繫。就某種程度而言，這是因為美國長久以來一直為印巴衝突尋求解決之道。如果情況允許，美國也願意在兩國之間充當一個「誠實的中間人」。另外，美國軍事與情報部門基於其特定的本位利益，需要培養與該地區國家軍事與情報部門的聯繫。

冷戰結束後，印度與美國皆求改善與對方的關係。美國

不再為了圍堵莫斯科而加強與印度的關係,亦使得印度與美國改善關係時不必放棄與莫斯科的關係。因此,美印雙方開始發展安全方面的合作。一九九一年美國與印度軍事部門的聯繫已經增加,包括美印海軍一次小規模但史無前例的在印度洋進行代號 Malabar 92 的演習。美印聯合指揮部在兩國陸、海軍間亦建立了協調互動的關係。

在巴基斯坦方面,布希政府的國防部及軍事部門皆力求維持常態的軍事聯繫。此項政策部分是因為與巴基斯坦對美軍在波斯灣可能採取的行動很重要,部分原因也是為了要對巴國主導核武政策的軍人產生影響力。美國因此對巴基斯坦進行一系列選擇性軍用零件及軍需品的銷售。美國軍艦亦於一九九二年八月與兩艘巴國海軍艦艇,在靠近喀拉蚩的阿拉伯海上進行接觸。雖然這些努力沒有對巴國維持核子計畫發展產生影響,但巴國也在波灣戰爭中不顧陸軍總司令的反對,而支持美國的政策。

美國政府加強與巴國的安全關係,也是由於擔心巴基斯坦為了抗衡印度,在別無選擇下而與激進回教國家關係更趨接近。事實上,巴國軍方仍視美國為較佳的軍火供應者,也持續與美國進行關於出售 F-16 戰機的協商。同時,巴國也表明它亦有其他選擇機會,包括瀏覽法國的幻象 2000、俄國的 SU-27 和米格 29、中共的 F-7 戰機及 M-11 飛彈等。

五、化解印巴衝突

八〇年代中期以後，查謨和喀什米爾境內反對印度統治的勢力大增。激進分離運動分子發動的罷工、示威及反政府活動，於一九八九年時達到頂峰。「查謨和喀什米爾陣線」（the Jammu and Kashmir Liberation Front）及其他組織上較為散漫的分離主義團體，領導對印度統治的暴力抗爭。

巴基斯坦支持喀什米爾回教分子獨立，導致印巴關係緊張。巴基斯坦一直視喀什米爾為其領土的自然延伸[13]，故對於查謨和喀什米爾人民所亟力爭取的獨立運動，向表支持態度，甚至暗中協助獨立運動人士運送軍火和物資。

印度對巴基斯坦的行徑相當不滿，指摘巴國此舉是搧風點火，意圖鼓勵當地回教分離主義分子爭取獨立，然後好讓巴基斯坦併吞。巴國則否認這項指控[14]。巴國認為，喀什米爾的人民有權決定喀什米爾的前途，所以應回歸到一九四九年聯合國所調停的內容，讓喀什米爾進行公投，決定其歸屬。然而印度反對。

印、巴兩國於一九九〇年二月上旬，又因喀邦問題而形成緊張情勢。二月下日，約一萬名巴基斯坦人，在巴基斯坦夏科特地區進行反印示威，表示支持喀什米爾回教分離主義運

---

[13] http://www.britannica.com/bcom/eb/article/9/0,5716,44309+4+43328,00. html（大英百科全書），Dec. 21, 2000

[14] 《大公報》，1990 年 1 月 31 日，版 3；*IHT*, February 1, 1990.

動。然而不久，示威者越過邊界，闖入距離喀什米爾冬都查謨市（Jammu）五十公里的村莊，縱火破壞並扯下印度國旗，同時企圖燒毀一棟政府建築，印度安全部隊加以反擊，造成三人死亡，多人受傷的慘劇。

印度認為，居民越界的原因是受到巴國當局近來行動和聲明的煽動[15]。二月十二日，巴國邊界軍隊在烏里區用輕型和中型武器持續射發兩百多發子彈，因而爆發兩國邊境的衝突。衝突爆發後，印軍向衝入印度境內的數百名巴人開槍，因為他們企圖在印度領土內升起巴基斯坦的國旗。

四月中旬，喀什米爾戰雲再起，原因是境內分離主義分子進行恐怖謀殺。印度總理辛格（V. P. Singh）聲稱，巴國軍隊已在邊境集結，而他也誓言捍衛印度領土的完整。印度在喀境有四十萬大軍，而巴國則也在其控制的喀什米爾境內駐紮相同數量的軍隊。印度同時也在喀境實施無限期的宵禁，一時雙方大戰一觸即發。

雙方不願退讓的原因在於兩國政府都是少數政府：辛格必須有右翼政黨的支持，聯合政府才不會瓦解；巴國碧娜芝的民主政權也同樣脆弱，因而仍受制於軍方勢力。因此，在受到國內反對勢力的強力挑戰下，兩國不約而同在外交政策上表現出強硬的態度[16]。

儘管印巴對峙並相互叫罵，然而外交管道並未關閉。四

[15] 《聯合報》，民國 79 年 2 月 7 日，版 11。
[16] 《文匯報》，1990 年 4 月 14 日；*South China Morning Post*, April 16, 1990.

月底，兩國外長在聯合國大會中會面，商討解決之道。然而結
果還是各說各話。巴國外長希望藉由中立第三者來調停，然而
印度卻拒絕了這項提議，認為此舉並無實質幫助[17]。

　　美國國務院發言人塔特懷勒女士十六日呼籲兩國儘快展
開談判。另外，蘇聯亦勸印度審慎從事。喀什米爾的分離運動
截至五月，已有五百多人喪生。美國總統布希決定派遣副國家
安全顧問蓋茨（Robert M. Gates）擔任特使，前往印、巴兩國
進行調解，與之隨行的則有南亞事務助理國務卿凱利（John H.
Kelly）以及國安會主管南亞和近東事務的資深主任哈斯
（Richard N. Haass）。白宮發言人費子水（Marlin Fitzwater）
說，此行的原因是喀什米爾的分離分子據傳在巴國的支持下，
對印度官員進行攻擊、謀殺，而導致衝突的上升，因而布希總
統希望藉由其高級外交顧問的出訪，來獲得對雙方衝突第一手
的情勢評估，並傳達美國希望情勢和緩的願望。布希政府派遣
特使，據說亦是鑑於印、巴的衝突有導致核武戰爭之虞。美國
早已認定，印、巴兩國已擁有核武。美國的情報據說已偵測到
巴基斯坦準備對印度進行核武攻擊的跡象。美國中情局副局長
克爾（Richard Kerr）甚至表示，當時印、巴兩國情勢之嚴重
程度，進行超過一九六二年古巴飛彈危機[18]。布希政府因而採
取預防外交行為，化解了兩國戰爭的危機。蓋茨一行是從五月
十九日到二十一日，印、巴兩國雙方皆表示歡迎，調停結果促

---

[17] *The Japan Time*, April 28, 1990.

[18] 引自 C. Uday Bhaskar, "The May 1990 Nuclear Crisis: An Indian
Perspective," *Strategic Digest*, 23:5(May 1998): 730.

使雙方降低緊張情勢[19]。

---

[19] *Washington Post,* May 16, 1990, A13；《大公報》，2000 年 5 月 17 日。

第五章
柯林頓政府的南亞政策

　　柯林頓上台後，最初對南亞並不重視，其後調整美國的
南亞政策，提升與印度的軍事合作和經貿關係，同時亦求改善
與巴基斯坦的關係，並防阻印、巴兩國發生軍事衝突。

一、調整對南亞的政策

　　布希政府晚期，國會通過法案，將國務院的「近東暨南
亞司」分離，增設南亞司。惟布希政府未執行該法即告下台。
柯林頓上任後，美國國務院方正式設立南亞司。此似可解釋為
重視南亞，然而，掌管南亞事務的助理國務卿拉菲爾（Robin
Raphel）女士的一些言論，引起印度輿論的強烈反應。她先是
於一九九三年十月二十八日在華府對南亞記者表示，認為喀什
米爾只是有爭議之地，不承認印度取得喀什米爾的合法性[1]。
當印度外交部發言人駁斥她時，她又對印度外交官出言不恭。
尤有進者，柯林頓總統一九九三年九月在聯合國的講演中也提
到印度次大陸是世界緊張地點之一，認為印度在喀什米爾違反
人權，因而同情喀什米爾人民的困境；又在莫斯科美、俄總統
聯合公報中提到印、巴兩國是世界核武擴散的危險地帶；更於
一九九四年二月回覆十六位國會議員的信函中，表示關切錫克
人權問題。此等言論，印度政府懷疑皆出自拉菲爾辦公室的大
手筆。

　　柯林頓上任一年多，未派懸缺的駐印度大使，亦令印度

---

[1] *South China Morning Post*, March 4, 1994, p.13.

政府頗為不滿。但此事顯示柯林頓一方面重視內政，他方面則
輕視印度。十二月他又在答覆喀什米爾行動委員會納比法的信
中，希望與他共同致於推動喀邦的和平。印度視該委員會為非
法暴力組織，柯林頓卻說要與之共同致力推動和平，印度因而
提出抗議。

　　柯林頓防阻核武擴散的立場，使之與印、巴兩國關係不
易有好的開始。他在競選期間，向選民表示上任後將繼續推動
防阻核武擴散的工作，他保證：第一，提升國際原子能總署檢
查可疑核子設施的能力；第二，聯合其他國家制裁那些散播危
險武器的國家；第三，要求其他國家加強對核武器的管制；第
四，避免獨裁者取得核武技術；第五，絕不使伊拉克海珊的核
武野心得到滿足[2]。上任後，他對美國的一貫立場作了些調整，
把經濟安全因素加進去，並且公開承認美國的抑制核武工作不
能妨礙美國的利益。一九九五年三月三十日，白宮發布一項關
於武器出口管制的聲明，該內容指出在管制時須對每個項目做
好認證的工作，以兼顧美國國防工業與勞工的利益[3]。一九九
三年八月下旬，美國因為巴國向中共購入 M-11 飛彈而對中共
和巴國實施貿易制裁[4]。惟不到三個月，白宮即取消制裁，理
由是中共已承諾不會再出口飛彈給其他國家。

　　柯林頓政府對印、巴兩國很難施壓，以迫使它們改變核

---

[2] Gov. Bill and Sen. Al Gore, "Putting People First, 1992," http://www.nrc.org/

[3] "Export Control Reform," http://www.whitehouse.gov/

[4] *Japan Times*, Auguest 27, 1993, p.1.

武和人權的政策。印度基於穩定對喀什米爾統治的需要，不願
放鬆對喀什米爾好戰分子的強力鎮壓。巴基斯坦因為印度已經
試爆過核子裝置，而且印度又拒絕簽署核不擴散條約，基於安
全考量，不願接受美國停止核武發展的要求。美國切斷對巴國
的軍經援助後，對巴國的影響力更小。巴國不拿美國的錢，美
國亦無計可施。面對此種情勢，柯林頓政府開始調整對南亞的
政策。

　　一九九四年四月，美國對南亞的新政策顯然已經確定。
該新政策是對印、巴兩國採取不偏不倚的政策，同時與兩國改
善關係。四月六日，美國副國務卿塔伯特（Strobe Talbott）出
訪印、巴兩國，帶著柯林頓政府南亞政策的新設想，力圖改善
與兩國的關係[5]。美國南亞新政策與老政策的一個重要區別，
就是分別對待印、巴兩國的核武問題。美國過去在核武問題上
把印、巴兩國連在一起的做法已走進死胡同。因為印度的立場
常常變成「否決票」，所以現在把它們分開來解決，採取友好
政策，以兩國各自對美國及南亞的真正價值和重要性為雙邊關
係的基礎，打破冷戰時期美、印、巴三角關係的零和心態[6]。

　　新政策的第一步，是要求國會取消因巴國發展核武而禁
止對其軍售的法律，以便運交巴國向美國購買的戰機。巴國已
付清價款，但是由於美國國會的牽制，始終無法運交。塔伯特

---

[5] 《聯合報》，民國 83 年 4 月 8 日，版 4。
[6] Robin L. Raphel, assistant secretary for South Asian Affairs, "South Asia
　after the Cold War: India and Pakistan," *Dispatch*, 6:39 (Septenber 25,
　1996): 706.

訪問印度前，即表示準備運交戰機，但是仍須巴國同意凍結核
武計畫，同時接受國際查證為前提。印度總理拉奧（P. V.
Narasimha Rao）與塔伯特會談時，表明反對美國交付巴國二
十八架戰機，認為將會打破南亞地區的力量均衡，印度將被迫
採取相應對策，而此對策將耗資巨大，影響印度經濟改革的進
程。他重申印度在核武的立場：在全球範圍內平等裁減核武；
反對由第三者在印、巴之間尋求均衡和平等，因為印度對安全
的擔心不僅僅是巴基斯坦。巴國總理碧娜芝·布托在塔伯特未
抵達巴國前，即表明除非印度接受同樣的限制，否則巴國不可
能答應凍結核武計畫。她說購買戰機是商業交易，不應將之與
核武計畫相連；巴國既已付了錢，美國即應交付戰機，否則即
應退款。據外交界人士分析，布托懷疑美國可能取消普萊斯勒
修正案的限制時，對印度的核武計畫做例外處理[7]。

　　塔伯特勸說印、巴兩國領導人在核武問題上互作讓步的
努力未獲成果，但是兩國同意繼續與美國磋商。他試圖修復
美、印兩國關係的目的，則獲得初步的回應。拉奧接受柯林頓
的邀請，同意於五月首度正式訪美[8]。

二、提升與印度的關係

　　柯林頓政府自一九九四年起，以行動落實提升與印度關

---

[7] 《文匯報》，1994 年 4 月 11 日，A4。
[8] *South China Morning Post*, April 9, 1994, p.4.

係的政策。這些行動包括邀請印度總理拉奧訪美、派遣國防部
長裴利、商業部長布朗等人訪印。

(一)拉奧訪美

　　拉奧於一九九四年五月十四日啟程訪美，是一九八七年
拉吉夫‧甘地（Rajiv Gandhi）訪美後，首位印度總理華府之
行。拉奧亦求利用此行改善受到冷落的印、美關係，並在避免
觸及雙方在人權和核武擴散問題的歧見之際，加強成長中的雙
邊經濟關係。柯林頓政府和美國國會對修彌美印關係亦顯得非
常熱中。柯林頓於拉奧即將訪美之前，於十一日敲定懸缺達兩
年以上的駐印度大使的接任人選，提名國防部次長魏斯納
（Frank Wisner）接任。國會亦歡迎拉奧對參、眾兩院聯席會
議發表演說。此為柯林頓上任後首位外國首長在國會的演說。

　　美、印雙方皆將拉奧之行喻為雙方消除冷戰時期和近期
外交緊張的一大良機。印度和美國之間的關係仍然相當緊張，
主要原因包括印度政府仍不放棄行之已久的不結盟政策；與俄
國保持密切關係；經常抨擊美國的政策；雙方在喀什米爾、人
權和核武的歧見難消。柯林頓政府希望拉奧之行能冷卻雙方外
交上的緊張情勢，營造氣氛，以便鼓勵貿易的拓展，逐漸化解
核武的爭議。

　　一九九四年拉奧訪美時，印度認為冷戰已結束，美國不
必再支持巴基斯坦，印度與蘇聯的關係已經終止，因此，美印
之間可以開啟新的關係。印度對拉奧之行及拉奧與柯林頓會談

的解讀是：會談重點在雙邊經貿合作。

　　拉奧訪美前，面臨國內的強大壓力，要求他在面對美方促請印度中止或凍結核武與彈道飛彈發展計畫而施加壓力時，勿輕言屈服。印度反對派領袖甚至要求拉奧取消此次訪美計畫，以示反抗美國在核武、飛彈、喀什米爾、人權、貿易等方面的壓力[9]。印度似乎一方面有意向美國的壓力表示反抗，一方面展現其飛彈的實力，在拉奧訪美前，於五月四日成功發射了衛星。

　　拉奧向美國要求放寬輸往印度的雙重用途科技，因為若干該等科技皆可用於醫療、衛生等事項上。柯林頓則要求印度遵守紡織品協定，開放對美國紡織品的市場。雙方同意就人權、核武等議題進行討論。柯林頓刻意避免就此等議題批評印度，一再強調拉奧之行具有強化雙方夥伴關係的作用。拉奧亦表示，雙方已沒有沉重的包袱，可以敞開心胸，進行建設性的對話[10]。雙方儘管原則分歧，各自堅持自己的立場，但是出於各自的整體外交政策的考慮，皆表現修好關係的誠意。美方低調處理核武和飛彈議題，似乎表示事實上接受印度是核武國家。其實不然，美國只是轉移陣地而已。雙邊會談無法導致協議，美國由雙邊途徑改為多邊途徑去討論禁止核武及核原料的生產。

　　印度在一九九五年續延核不擴散條約會議中，未堅持反

9　《聯合報》，民國 83 年 5 月 14 日，版 9。
10　*The Japan Times*, May 21, 1994, p.4.

對立場，部分原因是相信已與美國達成諒解：美國不再恢復與
巴基斯坦的戰略合作關係。然而一九九五年十月美國國會通過
「布朗修正案」，打破了印度的期望。

　　柯林頓政府放棄過去美國將喀什米爾問題的解決與核武
擴散問題相連的政策。他與拉奧在聯合聲明中表明，喀什米爾
問題應由印、巴兩國雙方解決。他主張中、美、俄、印、巴五
國與中亞四國舉行九國會議，討論南亞核武控制問題。印度仍
然拒絕參加，理由是核武問題不能僅限於南亞，不能為了阻止
巴基斯坦，便應阻止印度，因為印度面對的不僅是巴基斯坦，
還有擁有大量核武的中共。

　　巴基斯坦明知印度不會放棄核武，因而向美國承諾，只
要印度放棄核武，巴國會放棄核武。印度則說，中共同意取消
核武，印度方會放棄核武。印度明知中共在美國核武大量裁減
而與中共核武力量相差不多時，方會參加核武管制的談判。美
國欲阻止南亞核武的計畫，但本身卻擁有大量核武，確實難以
自圓其說，亦給予印、巴兩國因應美國壓力的槓桿。

　　五月中旬至六月初，巴基斯坦總統萊加利（Farooq
Leghari）亦到美國訪問。但是與拉奧應美國邀請的正式訪問
不同，萊加利是在巴國政府安排下進行私人訪問，並未能見到
柯林頓。美方對其訪問幾乎沒有什麼反應，從而顯示美國對
印、巴兩國的不同態度。由美國對拉奧與萊加利兩人的態度觀
之，美國重視的是印度。美國認為，印度作為南亞大國，是南
亞和平與安定的關鍵，加強與印度的關係符合美國在南亞和世

界的戰略利益。

　　事實上，美印之間的政治關係、經濟合作與軍事交流，皆有長足的進展。拉奧政府實行的經濟改革政策進一步促進了美印的經濟聯繫。美國已成為印度最大的貿易夥伴與投資國，一九九三年美國對印度的投資超過以往四十五年的總和。雖然美國對印度在發展核武和人權上的態度不滿，但是同時又表示理解印度在安全上的需要。美國強調印度是世界上十大新興市場之一，下世紀將成為世界上的一個重要大國，因而希望加強兩國的關係。

(二)與印度簽定安全協定

　　一九九五年一月中旬，美國國防部長裴利（William Perry）訪問印、巴兩國，是柯林頓政府調整南亞政策的重要一環；亦顯示美國不僅希望與該兩國建立新安全關係，並且以平等的態度對待互相敵對的兩國。

　　裴利的印度之行，亦成功地簽署美印安全協定。該協定規定由雙方國防部聯合成立「國防政策論壇」，並會同兩國外交部的人員，檢討冷戰後的戰略，促進資深官員的交流，並指導一個負責聯合防務研究及合作生產的技術小組。在軍事方面，該協定規定兩國高級軍官的交流、重型武器的生產、逐漸提升訓練和聯合演習的規模[11]。兩國於一九九五年五月到六月

---

[11] *Ibid.*, January 13, 1995, p.4.

開始進行聯合軍事演習，內容包括美國特種部隊及印度的突擊隊在距新德里北部一百五十哩的那漢（Nahan）山上進行演習；雙方海軍軍艦與飛機在印度西岸的阿拉伯海進行海上演習，但是規模很小。

　　該協定使雙方四十多年冷淡的軍事關係跨出最重要的一步。在冷戰時期，印度先是採取中立不結盟的政策，其後與蘇聯簽定友好合作條約，經濟上接受蘇聯的大量援助，軍事上幾乎完全靠蘇聯供應武器裝備。美國無法拉攏印度參與圍堵蘇聯後，自然轉而扶助巴基斯坦，以便牽制印度，謀求南亞的安全。

　　印度內政部長查文（Shankarrao Chavan）表示，該協定使雙方忘記過去，並且在新的情勢中改善關係。裴利亦說，隨著印度的前親密盟國蘇聯的瓦解，印、美合作的舊有障礙已被新機會取代。他歡迎兩國新紀元的來臨[12]。美、印兩國所簽的安全協定，確實顯示兩國放下了雙方在冷戰期間的嫌隙，反映雙方關係的提升。

　　美國力求改變昔日謀求印、巴兩國相互制衡的格局，希望同時與印、巴兩國維持友好合作關係，防止兩國之間再起戰爭，甚至亦求團結兩國的力量，以便制衡毗鄰的伊朗或中共。

　　由於美國的南亞政策不復求圍堵蘇聯，以往美國視巴基斯坦為美國軍事上在南亞和中東政策的核心觀念已被打破。美國因而可與印度自由的發展軍事合作關係，而不致受到美、巴兩國關係的限制。總之，美國決心與印、巴採取等距離的關係，

---

[12] *Ibid.*

改變過去偏重巴基斯坦的政策。

但是裴利為了平等的對待兩國,更為了改善與兩國的關係,對爭議性的南亞核武問題避免公開討論,致巴國政府公開宣稱,裴利事實上已接受巴國核武的立場。裴利未予以反駁,美國防阻南亞核武的政策似乎逐漸轉變。只求阻止兩國進一步發展核武,而不再要求兩國放棄既有的核武,但是美國仍無勸使兩國同意凍結核武的有效辦法。

(三)與印度建立商業同盟

裴利離開印度數小時後,美國商務部長布朗(Ron Brown)率領一支由美國商人組成的龐大貿易代表團到訪。該批商人皆為印度龐大但未開發的市場所吸引,該團為美國有史以來訪印的最大的貿易與投資代表團,布朗亦為十年來首位訪問印度的美國商業部長。他在五天的訪問中,與印度商業部長穆赫吉簽署成立「商業聯盟」的歷史性協定,而美國代表團與印度也達成總值四十億美元的交易。

一九九五年一月初,美國已與印度簽定紡織品貿易協定,印度首度對美國紡織品及成衣開放其龐大的市場。在此之前,印度是關稅貿易總協定的唯一禁止紡織品輸入的成員[13]。布朗訪問團是延續美印經濟關係大為改善的勢頭,印、美「商業聯盟」被稱作「超級論壇」。它由兩國商業部長共同牽頭,

---

13 *China News*, January 3, 1995, p.9.

吸引兩國工業界代表參加，實際上是一個政府與企業的聯合
體，其任務是促進兩國的經濟關係。該聯盟初始階段為期兩
年，之後根據其是否達到了預期目的再決定將來的組織形式。

　　冷戰結束後，美國取代前蘇聯一躍成為印度的第一大貿
易夥伴，一九九四年兩國的貿易額達到七十四億美元。美國亦
是印度最大的投資國。但美國對此種狀況並不滿意，希望能使
兩國的貿易額儘快翻一番，以適合世界經濟實力向亞洲轉移的
趨勢。印度的中產階級人數約有兩億，幾乎與美國總人口相
等，而其目前國民生產總值已達二千五百億美元，一般認為，
隨著其消費市場每年以 8%的速度增長，在二十一世紀將成為
一個主要市場。印度如果持續以 8%左右的成長率發展下去，
至二〇二〇年將成為世界第四大經濟體，僅次於美國、中共和
日本[14]。

　　為了拓展在印度的市場，布朗在與印方會談中要求印度
進一步實行經濟開放政策，取消非關稅壁壘，對智慧財產權給
予更好的保護，以吸引更多的美國投資。但印度商業部長穆赫
吉並不認為只有印度需要開放，他要求美國也改變一些保護主
義措施，使印度產品更順利地進入美國市場，例如取消對一些
印度產品的反傾銷稅。他批評美國不加區別和過多地使用反傾
銷手段。雙方雖然有這些針鋒相對的談話，但是大體而言，布
朗之行頗為成功。

---

[14] *Newsweek*, Auguest 4, 1997, p.18.

(四)歐布萊特及理查森訪印

美國提升與印度的關係亦反映於歐布萊特（Madelein Albright）與理查森（Bill Richardson）的訪問。一九九七年十一月中旬，美國國務卿歐布萊特訪問南亞。在印度之行中，她與總理古吉饒（Inden Kuman Gujral）和總統那拉雅南（K. R. Narayanan）舉行會談。對喀什米爾問題，她表明希望印、巴兩國雙方和平解決，而美國除非受邀，否則無意介入[15]。

印度官方認為，歐布萊特的訪問為美、印兩國的關係開啟了新的一章。歐布萊特與印度財政部長奇達巴蘭姆（Palaniapp Chidambaram）簽定投資協定，由「美國海外私人投資公司」提供投資保證，以便促進並保護美國在印度的投資。歐布萊特亦與印度政府簽定協定，成立科學和技術的論壇，促進兩國科學家的合作。她在印度的言行顯示，美、印兩國的關係已獲得改善。

四月十四日和十五日，美國駐聯合國大使理查森以特使身分，率團訪問南亞，團員包括南亞助理國務卿印得福（Karl Inderfurth）和國安會資深主任里岱爾（Bruce Riedel）。理查森與印度國防部長會晤後，表示兩國同意加強國防軍事合作，加強打擊毒品，並就新德里政府非常關注的中國和巴基斯坦核武能力的問題，進行討論。巴基斯坦稍早曾高姿態的試射中程

---

[15] *International Herald Tribune (IHT)*, November 20, 1987, p.4.

飛彈，令印度大為關注。國防部長費南德斯更指中國協助巴基斯坦發展飛彈技術。

印度因發展核武問題，長期與華府存在矛盾。理查森與印度新上任的右翼民族主義政府展開「戰略對話」時，卻放軟了立場，強調核武爭執不妨礙兩國發展關係，還向印度總理瓦巴依轉交了美國總統柯林頓要求加強美印兩國合作的函件。

理查森聲稱，美印兩國同意攜手合作，在國際舞台上扮演更大的角色，特別是加強印度在聯合國維和任務上的軍事角色，又表示貿易、投資、衛生、安全和聯合國等項目，都是雙方同意加強合作的範圍。印度近年一直爭取成為安理會常任理事國，並積極爭取外國的支持。

理查森結束印度之行，轉往巴基斯坦訪問，希望遊說印、巴兩國不要輕啟高科技軍備競賽。理查森也形容，巴國是美國的「重要政經戰略夥伴」。理查森表明，美國希望跟南亞各國加強關係，繼而扮演中介角色，紓緩南亞的緊張，但是必須有中國的參與。

在美國一個高級貿易代表團於三月出訪南亞之後，理查森又到該地訪問，凸顯華府已重燃對南亞的政經利益興趣。

理查森南亞之行的直接目的，是為美國總統柯林頓預定該年的南亞訪問作些必要的準備工作，然而理查森一行在與南亞幾國領導人會談時所涉及問題的深度與廣度，及其所包含的豐富信息，遠超出「打前站」的使命。

首先，從理查森與印度領導人會談的內容來看，美國總

統特使此行的一個重要目的是希望緩和南亞次大陸存在的緊
張氣氛，特別是對印巴關係的實質改善能夠有所作為。理查森
來訪之際，恰逢印、巴兩國關係又因飛彈試射問題籠罩著陰
影，雙方在唇槍舌戰地交鋒，理查森對印、巴兩國雙方這種競
爭的緊張氣氛表示關注。但是美國方面強調，飛彈問題只是特
使此行使命的一部分。理查森可稍感寬慰的是，印度雖強調對
可能發生的任何威脅都做好了準備，在國家安全問題上不會讓
步，但瓦巴依總理明確表示，最近的飛彈試射問題，不會導致
印、巴兩國展開新一輪的核武軍備競賽。理查森在巴基斯坦，
也從巴國領導人那裡得到了關注國家安全的信息。事實表明，
印、巴兩國兩國在許多關鍵問題上的分歧，依然如故。

　　印巴關係是南亞地區穩定的核心所在。長期以來，美國
對南亞政策一直存在著兩個偏差：首先是對南亞地區不夠重
視；其次是仍沿襲昔日思維，習慣從整個南亞地區來考量問
題，沒有抓住雙邊關係，特別是印巴關係這一核心，這在很大
程度上限制了美國南亞政策的靈活性與效率。理查森的來訪，
則明確地表示，美國將在這兩方面作適當的調整。既不輕視南
亞地區的重要性，也不忽略從雙邊關係角度下功夫。在歷史
上，美巴兩國在整個冷戰時期都是盟友關係，而美印則不然。

　　因此，美國要重新定位南亞政策，就不能不首先對印美
關係進行認真的再評估。特別是印度人民黨新政府上台之後，
美國更急於瞭解其外交政策的趨向。美國的這種心態，得到了
印度新政府的充分理解。

　　理查森的訪問，是印度新政府成立後印、美兩國間第一
次高層正式接觸。他澄清了西方對印度人民黨保守、極端民族
主義的看法。理查森認為，印度新政府是可共事的夥伴。此使
美印建立二十一世紀的夥伴關係有了基礎。

(五)美印關係提升之因

　　美印提升雙邊關係，主要原因有六：

1.蘇聯瓦解

　　蘇聯的瓦解摧毀了印度國防與外交政策的基石，並改變
了印、美兩國原本衝突的緊張關係。過去，印度與蘇聯的戰略
友誼使印度在兩極化世界下占了便宜。美國還曾為疏遠印蘇關
係，而陷於與印巴關係兩面不討好的窘境。假如印美關係轉
好，印蘇關係會被印度用以證明其不結盟的可信性。假如印美
關係不好，印度與蘇聯的聯繫成為保證印度獨立自主，以對抗
美國壓力的平衡板。

　　冷戰後，新德里擔心蘇聯的瓦解造成單極世界的開始。
美國至今仍是世上最有權力，並在可預見的未來是繼續占優勢
的國家。它擁有所有的權力要素，包括豐富的天然資源，充滿
活力的市場經濟及高科技，以及前所未有的「軟權力」資源。
美蘇雙方放棄意識形態上的對抗，開啟雙方在國際事務上合作
的機會。冷戰終結與蘇聯瓦解也使美國對原本親蘇的國家不再
那麼敵視。

2.中亞情勢之改變

　　隨著冷戰結束，蘇聯從阿富汗撤軍，對美國的威脅驟降，巴基斯坦對美國區域戰略價值降低。對美國而言，印度因其在南亞的支配性地位轉而顯得更為重要。

3.安定與秩序

　　南亞國家皆面臨政治和經濟重整的強大壓力。美國認為，協助印度順利地重整成功，會導致印度的安定與秩序，而且對其所有的鄰居有全面的溢散效應。

4.合作基礎

　　尋求區域與全球安定的過程，提供新德里與華府政治上與安定上的合作基礎。此共同利益包括避免印巴戰爭、建立安全和平的邊界、推動多元民主與市場經濟、反對基本教義派的宗教與種族活動，以及反對恐怖主義與毒品走私。美國與印度都希望確保公海自由，以維持自非洲到東南亞路線上印度洋的安全通道，以及沿海的和平與安定。而陸地的平行利益，亦因藉海上的共同利益而加強。印美海軍聯合演習暗示了雙方互相接受在印度洋區域的合法利益。

5.市場經濟

　　拉奧於冷戰終結時出任印度總理，推行經濟改革計畫。印度發現社會主義經濟的病症，並開始發展市場經濟。印度認知，只有西方與由美國主控的國際機構能提供印度足夠的貸款、援助與投資。印度需要美國的資金及科技，以維持其經濟動力。

6.民主印度

　　印度是世界上人口最多的民主國家，九〇年代又推動市場經濟改革，取代獨立以來的計劃經濟，從而在價值體系與制度上向美國看齊。美國又力求擴大民主陣容，重新發現印度是第三世界國家民主發展的典範。華府藉支持印度在動盪的南亞地區扮演安全的角色，確認印度的大國地位。美國認為，一個強有力的印度能促進美國的區域利益，而不是挑戰美國的利益。例如，美國可藉印度之助以穩定印度洋區域。因此，一九八七年美國幫助印度在斯里蘭卡及一九八八年在馬爾地夫的軍事干預行動，另外也幫助印度對抗境內旁遮普省及喀什米爾恐怖分子的活動。美國更支持印度成為聯合國安理會的常任理事國。此等立場自然獲得印度的好感。

三、改善與巴國的關係

(一)裴利訪巴

　　裴利在巴基斯坦與巴國國防部長米拉尼和總理碧娜芝會談後，雙方同意恢復美、巴軍事合作論壇，以便就治安防衛問題和軍事合作問題，進行定期討論。該論壇已停辦四年。美國藉恢復該論壇的運作，修補與巴國一度密切的軍事關係。該論壇是一九八四年阿富汗戰爭高潮之際成立的，以往雙方皆將該論壇作為雙方決策階層相互傳遞戰略意向的正常渠道。恢復後

的論壇將輪流在華府和伊斯蘭馬巴德舉行會談,討論從雙方聯合軍事訓練到全球安全,以及兩國在維持和平行動中的角色和地位等問題。

(二)碧娜芝訪美

巴基斯坦總理碧娜芝於一九九五年四月五日至十三日正式訪美。此為兩國五年多前反目相爭以來,巴國政府領導人首次訪美,美國對該訪問亦非常重視。碧娜芝在訪問中,一再強調修復與改善巴、美兩國傳統關係的重要性,要求美國遵守兩國之間的契約,退回貨款或交付戰機。她表示,巴國願在打擊國際恐怖主義活動和查緝國際販毒集團方面助美國一臂之力,並在伊斯蘭國家中保持「溫和的形象」。她呼籲美國儘快取消阻礙兩國恢復和發展關係的「普萊斯勒修正案」。

F-16 戰機交易是美巴關係中已持續五年之久的一大難題。八〇年代末,巴基斯坦向美國訂購二十八架 F-16 戰機和其他軍事裝備,並為此預付了十四億美元。不料,美國國會一九九〇年卻以巴基斯坦可能正在發展核武器為由,實施普萊斯勒修正案,禁止美國向巴基斯坦提供經濟和軍事技術援助,結果使這項飛機交易被凍結。五年來,巴國雖一再努力,但不僅得不到飛機或退款,每年還要負擔一百四十萬美元的戰機保管費。

柯林頓承認並尊重巴基斯坦的安全顧慮,從而暗示性的表示理解巴基斯坦不願放棄核武發展的立場,但是依然力勸

印、巴兩國限制、減少、並且最終消除它們的核武及飛彈能力，認為這些武器是不穩定的源頭，而非更能確保安全的方式。

　　柯林頓表明，印、巴兩國都是美國的朋友，美國有可能與兩國同時保持緊密的關係。柯林頓亦表示，將盡力協助兩國，共同解決喀什米爾爭端及其他歧見。在恐怖主義議題方面，他感激巴國協助美國逮捕了尤塞夫（Ramszi Yousef），一位炸毀世貿大樓的主要嫌犯，亦對巴基斯坦近幾月來在消除罌粟花種植、摧毀海洛因實驗室的努力，以及引渡兩名毒販到美國，表達謝意。

　　他對碧娜芝的呼籲做出積極回應。他指出，巴國一直是良好的合作夥伴，現在依然十分重要。他承認美國在對巴國軍售上的做法並不公平，並明確表示美國無意拋棄巴國，會力促國會重新審議普萊斯勒修正案，並對雙方的重要軍事和經濟合作表現出某種靈活性。美國國會的重要議員亦展現對巴國的同情與支持[16]。

　　雙方在會後發表的聲明中，承認查謨和喀什米爾的領土糾紛是區域緊張的根源，同意印度與巴基斯坦需要進行實質對話以解決喀什米爾問題；重新確認他們支持全球及區域防止大規模毀滅性武器，以及停止生產和部署彈道飛彈方面的努力；誓言在法律和政治層面合作擴展美國和巴基斯坦的防務關係。柯林頓總統表達了他將與國會合作重新檢討普萊斯勒修正案的意願，以便加強與巴基斯坦的關係，和達到消除南亞核不

---

[16] 《文匯報》，1995 年 4 月 16 日，A4。

擴散的目標[17]。

　　碧娜芝返國後，柯林頓政府努力說服國會採取單次性的
行動，把二十八架戰機交付巴基斯坦。如果國會不肯妥協，政
府將轉而要求國會允許把這二十八架戰機出售給別國，再將所
得之款還給巴基斯坦，白宮要求國會同意不向巴基斯坦收取每
年一百四十萬美元的戰機保管費。五年前發起凍結對巴國援助
的共和黨參議員普萊斯勒公開表示，堅決反對在修正案問題上
做任何鬆動和妥協。然而美國國會於一九九五年十月二十四日
通過「布朗條正案」（Brown Amendment），授權總統將一九
九〇年十月一日前巴基斯坦向美國訂購的三億六千八百萬軍
事裝備一次運交巴國，但是明文排除巴國所購的二十八架
F-16 戰機，只授權政府將該戰機出售給第三國，並將所得之
款歸還巴國。該修正案使得美巴關係稍可恢復到較正常的基礎
上。然而該修正案並未廢除普萊斯勒修正案，或准許恢復軍
售，並未取消美國先前要求巴國歸還八艘租借的巡防艦與驅逐
艦。該修正案是美國府會合作所推動的結果，顯示府會雙方皆
認知美國在巴國的利益並非只有防阻核武擴散一項利益。次年
一月，柯林頓批准了包括該修正案的對外援助法案。

　　總之，美國對巴基斯坦的態度好轉有三個主要原因：其
一，從對巴國制裁五年來的情況看，美國不僅沒有達到預期目
的，反而大大削弱了美國在巴基斯坦的地位和影響力；其二，

---

[17] *Dispatch*, 6:17 (April 24, 1995): 356-8.

在中東和巴爾幹地區頻頻發生戰爭、恐怖活動有所增長的情況下，美國再次看到了巴基斯坦戰略地位的重要性和巴國保持溫和形象的可靠性；其三，美國在九〇年代乃至二十一世紀所面臨的安全挑戰，包括開拓國際市場、防止核武擴散、平息局部戰爭、抑制伊朗伊斯蘭基本教義派、消滅毒品走私、平衡地區力量對比消長等，而美、巴兩國恰好在上述領域「仍然享有並行不悖的戰略利益」。因此，美國採取積極步驟，以「儘快打破美巴關係停滯不前的非正常局面」[18]。

(三)成立商業發展論壇

美國助理商業部長維克里在一九九六年九月五日訪問巴國，與巴基斯坦投資局秘書長沙阿簽定諒解備忘錄，成立美國巴基斯坦商業發展論壇。

根據該備忘錄，兩國商界將攜手合作，以推動兩國商業活動，以及解決雙方商業關係事務為目標。維克里指出，雙方亦就達成關於中、小型企業的諒解備忘錄取得進展。美國政府方就使用環保技術問題與巴基斯坦簽訂諒解備忘錄[19]。

(四)通過漢肯—華納修正案

美國決心改善與巴基斯坦的關係，亦反映於美國忽視巴國購買中共的核武裝置之事上。一九九六年二月，美國情報部

---

[18] *Far Eastern Economic Review*. October 19, 1995, p.34.
[19] 《星島日報》，1996 年 9 月 8 日，B3。

門認為，巴基斯坦向中共購買五千枚磁鐵環（magnet assemblies），該磁環可用於提煉濃縮鈾的離心分離機。四月，柯林頓政府通知參議院，不管巴基斯坦最近向中共購買製造核武的敏感裝置，將出售巴國數百萬美元傳統武器。美國排除任何對巴國有關自中共取得核子裝置的懲罰。巴國與中共都否認有這項交易，但美國情報官員說去年獲知中、巴兩國的該項軍售。雖然美國法律禁止對任何得到核武裝置的國家提供軍事或經濟上的援助，但是柯林頓政府說，巴基斯坦早在幾年前就已經將錢付給美國，所以決定轉移軍備。政府也決定著手與巴國進行溝通有關不再升級核子裝備的新承諾。

巴基斯坦從國外進口磁鐵環，使得布朗修正案的執行受到了薛明頓修正案的限制，並陷入停止狀態。一九九七年，美國內部再次就巴基斯坦的政策展開辯論。一些政府智囊機構紛紛建議放寬對巴國制裁，通過加強與巴基斯坦的經濟與軍事合作的迂迴道路，以冀更有效地維護美國在巴國的利益。漢肯—華納修正案正是這一思想的反映。這從美國相關的官方言論中可見一斑。美國國防部長柯恩（William Cohen）在致該修正案提案人之一參議員漢肯的信中明確表示，取消普萊斯勒修正案和薛明頓修正案的目的，是為了保護美國在巴國的利益。美國國務卿歐布萊特評論說，巴國在夏立夫總理的領導下，正加強其民主和溫和的特色，若美國恢復對巴國的援助，將進一步增強此一努力。

美國參議院於一九九七年七月十七日通過漢肯—華納修

正案,允許美國海外投資公司向美國到巴基斯坦的投資提供保
險,並通過國際軍事教育與培訓計畫,與巴國發展有限的軍事
合作,從而消除了布朗修正案執行中的所有障礙。

四、防阻印巴衝突

(一)關切巴國與恐怖分子之關係

　　柯林頓政府亦如其前任,關切巴國支持喀什米爾回教恐
怖主義之傳聞,而希望雙方對喀什米爾之爭,能和平解決。美
國柯林頓政府認為,印、巴兩國如不在喀什米爾問題上妥協,
解決爭端,雙方發展核武之趨勢便不可能停下來,而且南亞國
家都有種族、宗教不洽之事,印巴關係如果緊張,會使南亞種
族、宗教的紛爭更形惡化。美國國務院南亞代理助理國務卿馬
洛特在訪問新德里時,曾表示南亞的亂源就在喀什米爾,而美
國願意調停這項爭端。印度重申反對第三國調停喀什米爾問題
的立場[20]。

　　為了化解美國的關切,巴國總理夏立夫於一九九三年四
月派遣特使阿里汗(Chaudhry Nisar Ali Khan)訪美,使美國
相信巴國並未涉入恐怖主義,以免遭受美國的經濟制裁。

　　美國國會的部分議員因巴國協助喀什米爾分離運動的武
裝分子,要求政府宣告巴國為恐怖主義國家。批評巴國者聲

---

[20] 《聯合報》,民國 82 年 5 月 31 日,版 9。

稱，回教基本教義派分子出現於巴國，並與其他國家的同路人有聯繫，證明巴國涉及恐怖主義。

巴國政府否認此等指控，並且指出，即使某些聯合國決議允許巴國對喀什米爾的自由鬥士提供外交和政治支持，但是它並未提供武器和訓練設施。巴國其時已關閉所有阿拉伯和伊斯蘭團體的辦公室，並要求所有該等外國人士離境，否則予以拘禁。巴國政府亦指出，該等團體是於阿富汗戰爭期間來到巴國，並非巴國邀請而來，而當時包括美國等有關國家皆歡迎他們。巴國政府表明，阿富汗戰爭已經結束，會要求他們返國[21]。此等保證並未完全使美方滿意，華府仍繼續檢討有關情勢[22]。一旦巴國被美國列入恐怖主義國家名單後，會受到嚴厲的制裁。美國、國際貨幣基金會、世界銀行及其他國際組織會切斷對巴國的援助，包括對巴國反毒計畫的援助，該計畫完全依賴外援。巴國亦將喪失與美國的貿易，而美國是巴國最大的貿易夥伴。

然而美國官員亦擔心，宣告巴國是恐怖主義國家，在美國制裁下，巴國會出現動亂，以致惡化印、巴兩國的關係，動搖南亞的安全；並將迫使巴國與伊朗加強關係，從而影響巴國的內政。巴國人民的反美情緒必然大增，以致助長回教基本教義派的勢力，而美國在巴國的影響力將蕩然無存。

美國與巴國在阿富汗戰爭中密切合作，提供武器及訓練

---

[21] *The Japan Times*, April 7, 1993, p.5.
[22] *Ibid.*, April 9, 1993, p.5.

等支持阿富汗反抗軍及各國支持的反抗人士,該等人士皆集中居住於巴國西北部邊界地區。冷戰結束後,該等人士因多為回教基本教義派分子,成為美國安全上的威脅來源之一。然而,美國關切巴國支持的恐怖分子,乃指印度查謨和旁遮普省要求脫離印度的好戰分子。但是巴國政府否認對旁遮普省的錫克教徒提供任何援助,對喀什米爾的回教徒只提供道義及外交上的支持[23]。

巴國與恐怖分子的關係,在其後的一次劫機案中,更引人注意。一九九九年十二月二十四日,五名歹徒劫持自尼泊爾加得滿都機場起飛的印航客機,飛往阿富汗南部的坎達哈機場,要求印度政府釋放巴基斯坦回教教士阿茲哈以及另兩名好戰分子(喀什米爾人札加爾及在巴基斯坦出生的英國人謝赫)。阿茲哈自一九九四年進入印度後,即遭囚禁。

由於印度不承認阿富汗的神學士政府,阿富汗政府要求聯合國協助解決劫機事件。在聯合國主管阿富汗事務的協調官馬爾的協助下,印度於三十一日同意劫機者的要求,釋放阿茲哈等三人,將他們送往坎達哈,以交換印航客機上的一百五十四名人質。阿茲哈等三人其後越界進入巴基斯坦。印度指證,劫機者是巴基斯坦人,並且指責巴基斯坦背後支持劫機。巴基斯坦則否認與劫機有關[24]。

美、印兩國於二〇〇〇年一月二十日協議,成立一個反

23 *Ibid.*, May 17, 1993, p.3.
24 *IHT*, January 6, 2000, p.4.

恐怖主義的「聯合工作小組」（a Joint Working Group），以便追捕劫持印度航機的人犯，並阻止未來類似的攻擊行為[25]。

(二)遏制一九九六年印巴衝突

一九九六年一月，印、巴兩國在喀什米爾控制線發生短暫的軍事衝突。該年一月二十六日，巴國官員宣稱，巴國的「自由喀什米爾」靠近印巴分界線的小鎮卡胡塔（Kahuta），於二十五日受到兩枚火箭的攻擊，其中一枚擊中一座清真寺，造成二十人死亡，二十多人受傷的慘劇。另有一枚火箭擊中附近的哈吉拉地區，兩人因而喪生。巴國官員及約一萬名群眾，在被毀的清真寺為死難者舉行葬禮。「自由喀什米爾」總理奎揚矢言要捍衛他們的每一寸土地。一名巴國國防部發言人指控，火箭攻擊是印度的「挑釁行徑」，「嚴重違反」聯合國所監督的喀什米爾印巴控制線的劃分。但是印度堅決否認這項指控，斥之為毫無根據，後來並宣稱是巴國部隊自己向清真寺發射火箭[26]。

次日，印度與巴基斯坦部隊，沿喀什米爾控制線相互開火攻擊，使印、巴兩國對峙的緊張局面急遽升高[27]。印度宣稱，巴國軍隊沿著分隔印、巴兩國的控制線，向印度的據點發射四萬餘發砲火，造成七名平民受傷。印度的官方指稱，巴國的攻

25　*Ibid.*, January 21, 2000, p.5.
26　《中國時報》，民國 85 年 1 月 28 日，版 10。
27　同上註。

擊掩護反印的分離主義分子滲透印度的控制區,並求阻止印度在控制線設置鐵絲網[28]。

兩國在喀什米爾激烈交火有兩週之久,升高緊張情勢。其時雙方又發展成功新型可攜帶核武的飛彈,使雙方衝突增添危險性。

在二月的印巴會談中,巴國要求印度放棄在整個分隔線附近設置鐵絲網的計畫,但是印度拒絕同意[29]。巴國總理碧娜芝提議與印度官員會談,討論終止戰爭之道,但是印度拒絕。印度視喀什米爾的叛亂為其內政事務,並且認為巴國支持叛亂者,因此不同意與巴國討論喀什米爾問題[30]。雙方自一九九四年初以來,即未舉行高峰會談。

巴國政府於二月五日號召全國進行大罷工與大罷市,抗議印度的火箭攻擊及巴國人民的傷亡,這是過去數年內巴國每年的例行行動。雙方的衝突在美國的呼籲下漸漸平息,但是一九九九年春天的衝突就比較嚴重。

(三)積極化解一九九九年印巴衝突

印度所控「查謨喀什米爾」境內激進回教分子叛亂漸息後,巴基斯坦協助境外回教激進分子的滲透活動。巴基斯坦顯然記取蘇軍被阿富汗游擊隊擊敗的成功經驗,在「查謨喀什米爾」支持對抗印軍的游擊隊。惟六年的印軍鎮壓收效,使境內

[28] *China Post*, January 29, 1996, p.5.
[29] *Ibid.*, February 7, 1996, p.4.
[30] *Ibid.*

回教徒的叛亂活動難以為繼，巴基斯坦情報部門遂運用阿富汗
的傭兵及國內的激進人士，武裝滲透到「查謨喀什米爾」。一
九九九年春天，喀什米爾冬雪融化較早，約一千名自「自由喀
什米爾」滲透至「查謨喀什米爾」一萬七千英尺高的山嶺，占
據每年冬季前印軍撤離的軍事據點。五月初，印軍發現此事
後，派遣七名巡邏士兵查看未返。六月初，巴基斯坦將七名印
軍屍首送回印度。在此之前，印軍派遣更多的軍隊前往查看，
發現回教滲透分子已占領卡吉爾（Kergil）和德拉斯（Dras）
附近的高山據點，更重要的是居高臨下，可以切斷「查謨喀什
米爾」首府斯那列加通往東北方戰略要地列城的唯一通路，致
使拉達克印軍總部受制於巴國，和支持巴國而與印軍對立的中
共。因此，印度矢言決定繼續空襲，直至逐出滲透者為止。

　　總之，自五月中旬起，戰火轉熾。過去印度每年春天逐
退的滲透者皆是組織散漫，戰鬥力弱的喀什米爾游擊隊，此次
印軍遭遇的對手則是訓練有素的職業性軍人，配有機槍、火箭
筒及刺針飛彈，而且有巴國陸軍大砲的支援。根據西方國家的
情報，滲透並占領卡吉爾等處山嶺的行動，是由巴國軍方所策
劃，滲透的部隊由屬於內政部的五百名巴國「北方輕裝步兵」
（Northern Light Infantry）率領。另一個與以往各季滲透情況
不同的是，巴軍滲透至印境十五公里之遠，而可俯瞰卡吉爾市
[31]。

---

[31] *Newsweek*, July 5, 1999, p.32.

巴國政府雖然聲稱，滲透者與巴國軍方無關，但是滲透者攜帶重武器，並且在印軍數週強力攻擊下，後勤補給源源不斷。由於滲透者所占山嶺的另一邊是巴國軍隊所控制，滲透者如無巴軍的支持或默允，顯然不合情理。

印、巴兩國皆已擁有核武及可載送的工具。兩國在卡吉爾等地的戰火一旦失控，後果堪慮。美國因而首度提議調停印、巴雙方對喀什米爾之爭，而且敦促印度繼續自我克制。

巴國總理夏立夫與印度總理瓦巴依曾於二月在拉合爾舉行歷史性的高峰會，協議以和平方法化解兩國的分歧。夏立夫是否事先知悉巴軍的攻擊計畫，不得而知。他可能批准例行的冬季滲透行動，但是可能並不知道巴國將領的計畫內容。另一可能解釋是巴國國內的政治因素與國際環境導致巴軍的行動。夏立夫在國內擴權之際，需要爭取軍方和回教激進派的支持，因而同意軍方的計畫。北約國家為了科索夫阿裔人民而武力干涉南斯拉夫，喀什米爾問題與科索夫問題一樣，涉及民族自決。巴國欲將喀什米爾轉化為國際干涉的焦點[32]。

惟在事件發生後，夏立夫公開支持軍方的行動，其目的可能是爭取國人的支持，轉移國人對其政府貪污的批評。夏立夫不斷擴張權力，已控制法院，削弱總統的權力，最近又進行對媒體的控制，並利用回教法規以削弱議會的立法權。因此，他須爭取激進宗教人士、軍方及情治單位的支持，而在喀什米

[32] Philip Bowing, "Pakistani Politics and the International Environment Don't Help," *IHT*, June 1, 1999, p.8.

爾之爭上製造新情勢，不僅有助對上述人士的爭取，亦可將國人的注意力由擴權轉移至外交。

巴基斯坦指責印度的軍事行動使喀什米爾的衝突升級，但是呼籲雙方保持克制；表明繼續採取必要行動以保衛巴國的陣地；向印度提議舉行外長會議，以討論喀什米爾的緊張情勢；呼籲聯合國秘書長安南派使調停，敦促美國等大國儘速促使印、巴雙方就喀什米爾問題舉行會談，以期獲致政治解決[33]。

印度指責巴基斯坦支持武裝滲透分子，企圖以武力改變雙方的控制線，從而違背一九七一年「西姆拉宣言」，以及二月雙方所簽以政治解決兩國懸而未決問題的「拉合爾宣言」[34]。印度拒絕安南秘書長派使調停的主張，認為應派至巴國；指控巴國派遣回教傭兵和巴國士兵越界潛入印度喀什米爾山區；同時表明核武國家應負責任，自我克制，不過亦決心清除該批滲透分子；原則上同意巴國外長至印度舉行外長會談。

一九九九年五月二十六日，印軍集中火力攻擊巴基斯坦所支持的喀什米爾游擊隊。印度聲稱其陸空強大的攻擊火力，是為了對付越界侵入領土的巴基斯坦軍隊。然而，巴基斯坦嚴

---

[33] 《中華日報》，民國88年5月29日，版20。

[34] 一九九九年二月二十日，印度總理瓦巴依利用由新德里至拉合爾的定期巴士通車典禮之機會，乘坐巴士至拉合爾，與巴國總理夏立夫會談。該條公路開闢的目的，是鼓勵兩國人民、貨物和觀念的交流。雙方發表通稱的「拉合爾宣言」：承諾以和平方式解決兩國之間的歧見，包括喀什米爾問題；避免意外事件之發生，包括在試射飛彈前，先知會對方。在兩國皆公開擁有核武後，瓦巴依的巴士之旅似乎有降低兩國間緊繃的關係之效。拉合爾宣言似乎開啟兩國邁向友好或正常關係之勢。

加否認,並指控印度利用掃蕩其所謂的回教民兵的軍事行動,企圖兼併巴國領土。印度要求入侵者必須撤離喀什米爾,否則將被逐出。大國皆敦促印、巴兩國自制,美國呼籲雙方竭力自制,切勿為喀什米爾問題而升高軍事緊張,力促雙方以談判代替軍事衝突,並表示願意調停[35]。

美國官員呼籲印度與巴基斯坦停止其在喀什米爾共同邊境上的衝突。美國國家安全會議發言人韓默(Michael Hammer)指出,國安會對於喀什米爾地區衝突的逐漸升級感到關注,並已籲請印度與巴基斯坦兩國政府繼續遵守拉合爾協定(Lahore Accords)。另一方面,俄羅斯與中共官員也要求印度與巴基斯坦雙方自制[36]。

韓默也指出,美國駐印度大使塞勒斯特(Richard Celeste)親自向印度國防部長表達了柯林頓政府要求自制的呼籲。美國駐巴基斯坦的外交人員也與巴國官員會晤,表達了同樣的要求[37]。

巴國外長阿濟茲(Sataj Aziz)於六月十二日飛往印度,與印度外長辛格(Jaswant Singh)會談,討論如何終止兩國在喀什米爾已持續一個月的衝突。阿濟茲在會談前,於十一日訪問北平,向中共說明喀什米爾的局勢。他否認是拉攏中共向印度施壓。辛格於印巴會談後,也訪問北平,向中共簡報會談結果,顯示兩國對中共態度的重視。

---

[35] *IHT*, May 31, 1999, p.6.
[36] *Ibid.*, May 28, 1999, p.6.
[37] *Ibid.*

　　七月四日，印度步兵與入侵的游擊隊激戰十小時後，攻克接近巴基斯坦邊界喜馬拉雅山具戰略性的老虎山，獲致重大突破。奪回此戰略高地有助於印度掌控接近喀什米爾邊界的德拉斯地區，並且切斷了游擊隊的補給線，但是其他山峰的戰鬥仍在進行中[38]。

　　印度指控大多數入侵者是巴基斯坦軍人，他們越過一九七二年劃分喀什米爾的停火線，進入印度控制區內。巴基斯坦否認其軍人加入游擊隊，聲稱該國部隊僅參加還擊的砲戰，沒有越過分界線。巴基斯坦並形容這些回教游擊隊是「自由鬥士」[39]。

　　美國官員曾明白呼籲巴基斯坦撤回在印屬喀什米爾境內的部隊，並鼓勵印、巴兩國恢復曾在一九九九年二月促使雙方在巴基斯坦城市拉合爾舉行高峰會的合作精神。但是，印度表示，只要該國認為巴基斯坦軍隊仍支持游擊隊，即不可能和巴國舉行會談。美國當局一直向巴基斯坦施壓，要它撤軍，並且提及對巴國實施經濟制裁的可能性。一名白宮官員暗示，美國可能阻止國際貨幣基金會撥發一億美元的貸款給巴基斯坦[40]。

　　巴基斯坦在一九九九年六月十八日回絕了柯林頓總統關於把民兵從靠近印度的喀什米爾地區撤出的建議，並表示巴國無法指揮民兵戰士。巴基斯坦外長阿濟茲表示「他們不在我們

---

[38] 同上註，民國 88 年 7 月 5 日，版 20。
[39] 同上註，民國 88 年 7 月 5 日，版 20。
[40] 同上註。

控制之下」[41]。

　　柯林頓總統透過電話，分別與印、巴兩國總理會談。他敦促瓦巴依總理克制，以免情勢惡化；敦促夏立夫總理撤出民兵。這使人認為巴基斯坦必須為三個星期來在山區的衝突負責。美國國家安全委員會議發言人克勞里（P. J. Crowley）宣稱，巴基斯坦軍隊越過控制線，而柯林頓總統曾表示，巴國軍隊如果不撤回，外交談判難有進展。印度一再聲稱，滲透的武裝分子不撤退前，不考慮與巴基斯坦進一步會談[42]。

　　印度與巴基斯坦的此次衝突不易緩和，乃因雙方國內輿論都不允許政府退讓。雖然此次衝突並不是國家間的大戰，但是兩國的國民情緒卻已到達大戰已經開打的程度。以印度情形來看，因首都新德里印度門廣場上豎立起格爾吉爾牆，上面貼滿了對前線戰士慰問與支持的標語，電視台更是不斷地播放印度青年踴躍參軍，及新娘捐出首飾支援軍費的新聞畫面。這本是人民黨的戰事，但反對黨也不得不介入。國大黨主席桑妮亞也加入了捐血救助傷兵的行列；媒體且播出陣亡官兵遺屬的安置；民間也不斷有「跨越實際控制線」、「開闢第二戰場」、「可使用核武器」等呼聲。瓦巴依總理也許沒有想像到會激起國內這樣激烈的反應。他只能利用這股民氣作為競選的本錢，根本沒有退讓的餘地，因為稍有鬆動，在不久將舉行的國會選舉就會潰不成軍。

[41] *Ibid.*, Jun 17, 1999, p.6.
[42] *Ibid.*

　　至於巴基斯坦方面，民間反應且不說，軍方的態度就很難鎮壓。巴基斯坦軍方對政局舉足輕重，如果軍方不支持，夏立夫內閣就可能垮台。西方國家已知，是巴國聯合軍事情報局在搞滲透，巴國兩任總理都不知情。所以有一方面總理與印度簽署宣言要關係正常化，一方面情報局卻幫助回教好戰分子滲入印度控制的喀什米爾區。如今巴國政府要退讓的話，恐怕須先得到軍方的同意。

　　西方對科索夫的干預可能給了巴基斯坦軍方一些啟示，認為如能將喀什米爾問題國際化，之後西方如果再安排公民投票，則投票結果將有利於巴國。但印度何嘗看不出這一點，所以絕不允許國際調停。兩國都有不能妥協的壓力，而印度又不准外國的斡旋，雙方僵局因而暫難突破。

　　印、巴兩國雙方皆將軍隊調至主要邊界區的附近，彼此皆聲稱是因應對方部隊在控制線調動的結果。此亦反映邊界情勢確實頗為緊張。夏立夫總理在六月二十四日又對印度做出和平的呼籲，邀請印度政府採取和解的做法。一個星期以來，夏立夫總理已經三次表示願意與印度針對兩國三十年來最嚴重的衝突進行談判。印度則認為只要滲透者不撤退，談判就無法展開[43]。

　　六月二十五日，柯林頓總統派遣美軍中央指揮部的司令茲尼將軍（General Anthony Zinni）前往巴基斯坦會晤夏立夫

---

[43] *Ibid.*, Jun 25, 1999, p.6.

總理,重新向巴基斯坦表示華府對降低喀什米爾地區衝突的決心。此次會談是在美國國務院要求巴基斯坦從印度領域撤走游擊隊之後才展開,其目的是協助降低全球兩個最新核武國家之間的緊張[44]。

美國非常擔心印、巴兩國軍事衝突有擴大的可能。六月二十七日,印度總理瓦巴依表示,他面臨印度軍隊是否應跨越喀什米爾軍事控制線的棘手選擇。他雖然說印度沒有打算跨越分隔印、巴兩國的軍事控制線,但也表示情勢可能改變。所謂情勢可能改變,是指印度如果不能順利收復被巴基斯坦軍隊占領的山頭,則可能如一九六五年印巴之戰一樣,印軍入侵巴基斯坦的旁遮普省,占領部分地區,以交換巴軍占領的喀什米爾地區。

茲尼將軍重複柯林頓總統較早時對巴基斯坦夏立夫總理所做的呼籲:將巴基斯坦武裝部隊從印度控制的喀什米爾地區撤出,並與印度舉行談判[45]。茲尼的訪問未能達成目的。巴國政府拒絕撤出游擊隊。

喀什米爾軍事衝突發生後,巴基斯坦派出特使,至歐、亞、非三洲解釋巴國的立場,爭取國際支持。夏立夫總理亦至中共訪問,預定的六天行程,在訪問兩天後可能因未獲得中共的支持而提早返國。

由於印度態度強硬,堅持與巴基斯坦舉行有條件的和

---

[44] *Ibid.*, Jun 26-27, 1999, p.6.
[45] *Ibid.*, Jun 25, 1999, p.6.

談，使和平化解衝突的努力陷入了困境。為了儘快實現清除卡吉爾「滲透者」的目標，印度不排除採取跨越實際控制線的軍事行動，或者開闢新的戰場。七月一日召開的印度內閣安全委員會一致同意，進一步增兵，採取適當行動，清除卡吉爾－德拉斯地區的「滲透者」，並表示當前的外交努力不會干涉軍方行動，政府的決心是堅定的。印度人民黨主席塔克雷七月三日也公開表示，印度要從最終收回巴基斯坦控制的喀什米爾領土的目標出發，清除當前的「滲透者」。電視台的民意調查顯示，百分之六十三的印度人支持軍隊收復自由喀什米爾（即巴控制地區），百分之七十四的人支持瓦巴依政府目前在卡吉爾地區採取的軍事行動。印度軍方人士同日也宣稱，在今後的幾天中，清除八百多名「巴基斯坦士兵」和伊斯蘭好戰分子的行動將變得更加殘酷。印軍當天向海拔四千九百五十公尺的老虎山制高點發起了「最後的進攻」，在不到二十分鐘的時間內，共發射了數千枚炮彈和火箭炮[46]。

持續了近兩個月的印度和巴基斯坦軍事衝突遲遲得到不到緩解，升級氣氛日濃的背景下，巴基斯坦總理夏立夫七月四日凌晨緊急飛往華盛頓與美國總統柯林頓舉行會晤。來自華盛頓的報導說，這次會晤是應夏立夫總理的要求舉行的，討論如何解決當前迫切的形勢問題[47]。

夏立夫總理在這種背景下緊急訪美，主要目的是尋美國

---

[46] 《光明日報》，1999 年 7 月 5 日，版 4。
[47] 同上註。

採取更平衡的政策，並出面從中斡旋。自五月初喀什米爾局勢
陡然緊張以來，美國的態度基本上是傾向於印度，並一再向巴
基斯坦施壓，要求巴國從卡吉爾撤出其支持的「游擊隊」。巴
基斯坦則一直否認其對這些「游擊隊」具有控制力，並指出美
國這種偏袒一方的態度，只會進一步鼓勵印度採取更大的冒險
行動，使得局勢進一步惡化。巴國要求美國敦促印度舉行和平
談判，以最終解決威脅南亞地區安全與和平的喀什米爾爭端問
題[48]。

　　七月六日，夏立夫在白宮與美國總統柯林頓就巴印衝突
及喀什米爾局勢進行了三個小時的會談。雙方發表聯合聲明
說，兩人同意採取具體步驟，重新建立控制線，夏立夫同意運
用巴方的影響力，規勸在喀什米爾印度控制區一側與印軍作戰
的「穆斯林自由戰士」，停止戰鬥並撤出印度控制區[49]。

　　柯林頓和夏立夫取得協議的消息傳出後，立即引發回教
好戰組織和巴基斯坦主要回教反對黨的激烈反彈。一名游擊隊
領袖拒絕從印屬喀什米爾撤退，並對夏立夫嗤之以鼻，認為他
沒有代他們發言的權利。其他參與喀什米爾戰事的游擊隊則揚
言拒絕外界任何壓力，並將繼續作戰。巴基斯坦反對黨也譴責
夏立夫，指他是個投降者。主要反對黨巴基斯坦人民黨則要求
國會立即討論對政府的不信任案[50]。

[48] 同上註。
[49] 《人民日報》，1999 年 7 月 7 日，版 6。
[50] 《中國時報》，民國 88 年 7 月 6 日，版 13。

(四)瓦巴依拒絕訪美

　　印度外交部發言人宣稱，美國總統柯林頓在巴基斯坦總理訪美前夕曾打電話給印度總理瓦巴依，邀請他也於近期赴美商談卡吉爾衝突問題。但瓦巴依總理以在此關鍵時刻無法離開自己的國家為由予以婉拒。瓦巴依此舉主要是出於多方面的考慮。

　　首先，印度政、軍界目前普遍認為，無論從軍事還是外交角度看，卡吉爾衝突局勢正逐步朝著有利於印度的方向發展。一方面，印度為了清除滲入印巴實控線印方一側的武裝分子而展開代號為「勝利行動」的大規模陸空協同作戰行動穩步進展。根據印方公布的戰報，印軍正在逐漸奪回被武裝份子占領的諸多戰略高地，七月四日重新占領實控線德拉斯地區的「老虎山」，更被印軍方稱之為「勝利行動」的轉折點。而滲入印境的武裝分子由於補給困難，已逐漸陷入印軍的壓迫合圍之中。另一方面，雙方在外交戰場上的鬥爭也漸露分曉，西方一些國家尤其是美國在卡吉爾衝突上的態度明顯傾向印度，對巴基斯坦則採取嚴厲態度，要求巴國立即從實控線印方一側撤軍並恢復實控線原狀。在此情況下，印度對巴國的態度也越發強硬，一再聲明堅持「巴國不撤出武裝分子就不與巴國談判」的立場。儘管有消息稱巴國在不久前的「秘密外交」中由前外秘奈克向印度提出巴國有意準備撤軍，但印度總理首席秘書米午拉表示，印度在戰場上並未發現對方有任何撤退的跡象。這

表明，印度認為現在走到談判桌前的時機還未到，因而即便柯林頓面子再大，也無法讓瓦巴依「動心」。

其次，印、巴兩國在解決喀什米爾問題上的一個根本分歧就在於是否允許第三方調解。印度一向堅持喀什米爾爭端是印、巴兩國間的事，拒絕接受任何第三方的調解，在此次卡吉爾衝突中也不斷強調這一點。前不久夏立夫訪問了北京，印度外長辛格也相繼去了北京，但是雙方都表示不想由中共調停，中共當局也絕口不提斡旋之事，很低調地表示希望雙方和平解決爭執，中共並未插手[51]。柯林頓總統顯然不同，擺出的架式就是要介入調停。

印度國內輿論普遍認為，柯林頓總統在夏立夫總理確定訪美後邀請瓦巴依總理也前往華盛頓，頗有以調解中東巴以衝突的方式來化解印巴爭端的味道，如果瓦巴依總理果真應邀前往，無異於宣布接受美國的第三方調解。印度現政府作為看守內閣，本身的執政地位不穩，加以主要反對黨國大黨堅決反對政府同美、巴「做交易」，因而瓦巴依總理此時絕不願冒險邁過第三方調解這道「火線」。

第三：印度在外交上已居上風。印度已成功地塑造了巴基斯坦是挑起是非的責任者，國際間似乎都不同情巴基斯坦，印度理直氣壯，只要求對方撤軍，而不談其他。第四：印度在軍事上已穩操勝券。印度以空軍配合陸地轟擊，取得壓倒性優勢，又奪取了戰略高地老虎山，對抗的武裝分子已被截斷供輸

---

[51] 同上註，民國 88 年 7 月 7 日，版 13。

路線，不撤退就可能被殲滅。對此狀況，巴基斯坦無能為力。印度於勝券在握的情況下，當然不輕易透過外交談判，達成妥協[52]。

　　瓦巴依是以情勢緊張，不宜出國為理由婉拒了柯林頓的邀請。這樣拒絕已造成一種印象，即美國在南亞事務基本上發揮不了什麼力量[53]。

(五)新一輪武裝衝突

　　八月十日，印度表示其米格機擊落巴基斯坦的海上巡邏機，機上十六人悉數喪生。印度聲稱該機侵入印度領空。巴基斯坦外長阿濟茲宣稱，巴國決保留「適當回應印度這種懦弱行動」的權利[54]。

　　巴基斯坦表示，被擊落的飛機當時是在進行訓練任務，飛機沒有武裝。印度空軍發言人說，這架巴國飛機在印度西部古加拉特省國際邊界以內約十公里遭攔截擊落。這是印度在和平時期第一次擊落巴基斯坦軍機。發言人說，印度空軍直昇機已發現巴基斯坦飛機殘骸，就在印度境內兩公里處，但巴基斯坦海軍官員告訴記者，殘骸落在巴國邊境內，靠近巴丁，大約在喀拉蚩東北方三百公里處[55]。

　　印度國防部長費南德茲表示，事發後印度西部軍區已全

---

[52] 同上註。
[53] 同上註。
[54] 《聯合報》，民國 88 年 8 月 11 日，版 11。
[55] 同上註。

進入警戒狀態。他說,巴基斯坦當局要求讓國際觀察人員進入殘骸所在地。費南德茲表示:「不論任何人都不准進入或越過此一地區,我們知道殘骸在何處。」[56]

次日,巴基斯坦對一架印度直昇機發射一枚飛彈,當印度空軍派遣三架直昇機,載送記者們到巴國軍機殘骸地址時,其中一架遭到地對空飛彈的攻擊。巴國軍方說,印度直昇機是在戰鬥機的掩護下,試圖接近該巴基斯坦軍機殘骸,故而巴國部隊向直昇機開火。美國在該日則呼籲印度與巴基斯坦自制並進行對話[57]。

十四日,巴基斯坦總理夏立夫呼籲印度和巴基斯坦舉行會談,以便為解決具爆炸性的喀什米爾問題訂定時間表和解決辦法。自從七月初美國進行斡旋,導致雙方停止在喀什米爾的戰鬥以後,巴基斯坦一再呼籲印度舉行會談,以解決雙方的許多問題,其中包括長達五十二年之久的喀什米爾爭端。印度曾呼籲巴基斯坦在舉行會談前,促使喀什米爾局勢正常化。不過夏立夫說,喀什米爾問題獲得解決之前,雙方的緊張仍將繼續下去。他警告印度不要利用喀什米爾問題考驗巴基斯坦的耐性。夏立夫在獨立日的演說中說:「截至目前為止,我們已對印度表現出自我克制,不過要克制多久呢?巴基斯坦有能力給予適當答覆,不過我們希望避免擴大衝突。」印度總統納瑞雅南也於該日警告印度政府必須提高警覺和有所準備,以面對鄰

---

[56] 同上註。
[57] 《中華日報》,民國 88 年 8 月 12 日,版 20。

國巴基斯坦的可能突襲。喀什米爾爆發兩個月之久的戰鬥及一架巴基斯坦海軍飛機被印度擊落之後，外界擔心這兩個新核子強權可能爆發第四次全面大戰[58]。

　　印度總理瓦巴依十五日在慶祝印度獨立五十二週年的演說中，排除與宿敵巴基斯坦早日恢復和談的可能性。他說：「巴基斯坦支持恐怖主義，他們派遣受過訓練的好戰分子進入印度，殺害無辜的婦孺。在此種情況下怎能進行會談？」瓦巴依還譴責巴基斯坦破壞了他一九九九年二月訪問拉合爾之行開啟的印、巴兩國和平進程。瓦巴依同時宣布，可以攜帶核子彈頭的印度「火神」飛彈將加入印度軍備行列。美國和其他西方國家曾試圖說服印度勿試射或發展飛彈，以免刺激與宿敵巴基斯坦之間的武器競賽，但是瓦巴依說：「不顧外界壓力，我們最近試射了火神二型飛彈。此種飛彈將加入印度軍備行列。」[59]

　　巴國政府最終撤出占領卡吉爾等地的游擊隊。美國成功地化解了一九九九年的印巴衝突。

---

[58] 同上註。
[59] 同上註，民國 88 年 8 月 16 日，版 20。

第六章
印巴核武與飛彈競賽

　　美國長久以來在南亞的一項重要政策目標，就是防阻印巴兩國發展核武。即使在八〇年代晚期，美國認為兩國事實上已經擁有核武，華府仍然力求阻止兩國公開舉行核武試爆，換言之，避免兩國成為公開擁有核武的國家。一九九八年印、巴兩國的核試，宣告美國在南亞防阻核武擴散政策的徹底失敗。美國事後的制裁亦無力挽救失敗，而且亦未能持續有效的實施制裁。

一、印巴相繼核武

　　一九九八年五月十一日，印度進行了三次地下核子試爆，十三日又進行了兩次試爆；巴基斯坦於五月二十八日和三十日舉行了六次核試。兩國正式進行核武競賽。

　　美國早幾年即懷疑印度企圖進行核試。一九九五年中，美國情報專家認為，印度正準備自一九七四年後的首次核試。美國力求阻止之。美國人造衛星針對印度拉加山（Rajasthan）沙漠的波卡蘭（Pokaran）試驗場進行偵查。但是情報專家不能確定印度是準備試爆核武，還是增進製造核武的技術[1]。

　　印度否認準備核武。美國政府官員認為印度國大黨面臨印度民族主義政黨的嚴重挑戰，而國大黨可能以核試增加其國內的政治地位。

　　美國政府於一九九五年十二月底私下警告印度，如果印

---

[1] *IHT*, December 16, 1995, p.16.

度舉行核武試爆，美國將依照一九九四年的格倫修正案（The Glenn Amendment），切斷對印度的經濟援助。該修正案規定，除了五個公認的核武國家外，任何國家進行核子試爆，美國政府必須停止對該國所有經援、軍援、信貸、銀行貸款及出口許可，並且阻止世界銀行及其他國際金融機構對該國的貸款。因此，一旦印度進行核試，每年將喪失世界銀行二十億美元貸款，一億七千三百萬美國的經援，而美國對出口許可的管制理論上可使印度甚至無法購買美國的電腦。該修正案並未授與總統任何豁免適用的權力，致成自動生效之結果。

華府擔心人民黨（The Hindu-Nationalist Bharatiya Janata Party）在印度的影響力逐漸增加。該黨主張印度應成為核子國家，並承諾要修改印度憲法而宣稱喀什米爾是印度領土。美國的印度政策一向是要印度放棄核武計畫，並與巴基斯坦和平共處。

(一)印度核試的原因

有幾個原因促使印度決意進入排他的核子俱樂部，這些理由根植在地緣政治的因素，而且超越了次大陸的格局。

首要的原因是全面禁止核試條約。一九九五年可謂是印度核武政策的轉捩點，過去印度一直以解除核武為職志，反對核不擴散條約。也因此，一九六八年印度拒絕簽署該條約，認為它是一種「核武種族歧視政策」（nuclear apartheid），是五個擁核國家無法解除核武的結果。對印度來說，一九九五年該

條約無條件無限期的延長，將世界永久的分成擁有與沒有核武的兩類國家，也反映出這五個擁核國家——剛好就是安理會五個常任理事國——不願善意的解除核武。接著一九九六年的全面禁止核試條約中列入備受爭議的強制進入條款（Entry Into Force Clause）。該條款出自中共的堅持，但是受到印度的強烈反對，因為它要求新德里若不於一九九九年加入該條約，就得接受類似聯合國對伊拉克經濟制裁的命運。該條約的用處在於凍結擁核國已獲的戰略及技術上的優勢，同時也使其他國家沒有發展核武的可能，它粉碎了印度期望在後冷戰時期世界全面解除核武的希望。處於擁核國中共與有核武能力的巴基斯坦的威脅下，印度認為，它有權擁有核武以確保國家的安全。而核不擴散條約和全面禁止核試條約對印度而言則成了「投降的工具」以及「不平等條約」，因為這些條約是企圖將諸如印度的國家歸類為二流國家。於是在不進行核試就永遠失去核試機會的考量下，印度決定擺脫全面禁止核試條約的束縛，從而結束了五個擁核國獨占的局面。

印度進行核試的另一項原因，是後冷戰時期對印度不利的情勢。冷戰時期，蘇聯在戰略上對印度提供了核子保護傘以及制衡中共的軍力。然而一九九一年蘇聯的解體，使得印度頓感孤立無援。印度與傳統盟邦莫斯科關係的疏遠，與僅存超強美國關係的不穩定，中共藉其盟邦巴基斯坦與緬甸對印度的戰略性包圍，對中共成為全球經濟和軍事第二大強權的關切，對後冷戰時代被邊緣化的懼怕，再加上印度無法在國際體系中找

到一個新而合適的位子，來作為一個有力的區域強權，這些都
迫使印度重新思考其國家安全的策略。

　　相對於一般所認為的印巴核武競賽，中國才是促使印度
選擇核武的最重要因素。印度的核武與飛彈的發展來自於中印
敵對狀態的驅動；巴基斯坦積極發展核武的計畫，是印度核試
的次要原因。印、巴兩國雙方不妥協的態度，以及對對方意圖
的疑慮，造成了唯有具有壓倒性力量才尋求談判的情況，而伴
隨著這種互不信任的是雙方的不安全感。於是印度的防衛政策
一直是以「比巴基斯坦快一步，和中共則是齊頭並進」為基礎。
印度的戰略分析家視中共為印度經濟、安全和外交的參考點，
所以一直強調必須在軍事上與中國並駕齊驅。印度對中共的煩
憂，正如巴基斯坦對印度的煩憂一般。

　　正如印度在一九六二年與中共戰爭失利，認為核武是抵
銷中共優勢的傳統及核子武力最好的辦法一樣，巴基斯坦在一
九七一年和印度交戰後，也同樣認為核武對於抵銷印度戰略優
勢的必要性，巴基斯坦若不發展核武則不可能趕上印度，儘管
這必須耗費大筆的國防支出。一九六二年印度在中印邊界戰爭
慘敗，兩年後中共第一次試爆原子彈，而印度則於一九七四年
第一次試爆原子彈。於是深信權力平衡的中國人便將核武的設
計和技術提供給印度的對手──巴基斯坦。同樣地，印度也認
為八○年代其在飛彈技術領先巴基斯坦的優勢，已被九○年代
中共對巴國的科技移轉所抵銷。巴基斯坦在八○年代末期獲得
了核子保護傘，使得它可以在喀什米爾進行代理人戰爭，而且

將喀什米爾視為印巴關係的核心問題，堅持必須依照巴國的心
願解決。軍備的發展以及支持分離主義，使得這兩個鄰國不斷
地進行戰爭邊緣冒險政策與軍事威嚇，使雙方對戰爭都呈現歇
斯底里的狀態。由於巴基斯坦不斷地支持旁遮普省、喀什米
爾，甚至與中共、緬甸相鄰省分的游擊組織，使得印度有被包
圍受困之感。

印度進行試爆後，國防部長費南德斯（George Fernandes）
聲稱中國是潛在的大威脅（bigger potential threat），而且形容
印度是如何被中國以軍事活動、中共的巴、緬盟邦和在西藏部
署核武飛彈所包圍。此說可能不盡正確，中、印兩國之間是有
領土糾紛，中國從來沒有承認英國一九一四年所劃的「麥克馬
洪線」，因而認為印度東北部約九萬平方公里的領土，是中國
的領土。印度則稱中國占領其西北部「阿克塞金」（Aksai Chin）
的四萬平方公里。雙方曾為領土糾紛而於一九六二年打了一場
戰爭，印軍戰敗。然而由於喜馬拉雅山之天險，中共如欲越界
攻入印度北方，實非易事。中共的威脅並不如印度所渲染的那
麼嚴重，印度實是藉口中共的威脅，以降低其核試對自己不利
的後果。

印度亦稱發展核武亦因受到巴基斯坦的威脅。印巴之間
三次戰爭，印度皆是戰勝國，雙方實力有差距。巴基斯坦充其
量是印度安全上的一個麻煩因素，但是絕不構成真正的威脅。
國際社會在印、巴兩國未核試之前，早已認定其為事實上的核
武國。換言之，印度不必通過公開試爆，即可達成以核武嚇阻

巴國的效果。

費南德斯之言容或以誇大中共對印度的威脅，作為合法化印度核試之嫌，但是也道出印度官員對中共行為的疑懼。

在南亞，中共利用九○年代緬甸孤立的情勢來滿足其權力慾望，尤其是希望在印度洋能與印度抗衡，於是它藉由將緬甸收編至其影響力範圍內，來控制重要的海道。中共如欲控制麻六甲海峽（Malacca Strait）以及確保貨物在此重要海道的安全通過，所遇到的主要障礙是在印度洋或其附近欠缺海軍基地。中共軍艦藉由緬甸所提供的港口設施來作為修護和維持的地點，使得中共的重要戰略目標，也就是經由中共西南邊境直通安達曼海（Andaman Sea）的心願得以實現。除了緬甸，中共也期待獲得巴基斯坦和伊朗的同意，而於印度洋和波斯灣建立海軍基地。中共提供二十億美元的軍事援助給緬甸的軍事政權，而且在印度所屬的安達曼和尼古巴群島（Andaman and Nicobar Islands）對面的緬屬可可群島（Coco Is.）建立電子監聽設備，監視印度的海軍活動以及飛彈試射。從北京的觀點來說，中共在西南的戰略夥伴巴基斯坦以及在東南的緬甸，是中共二十一世紀大戰略的關鍵，而在中共成為區域主宰、排除其他對手的過程中扮演重要的角色。中共戰略家認為印度有其強權的野心，認為印度是影響下世紀中國海軍航向印度洋的主要敵手。由於印度長期與中共對抗的關係，任何有助於中共在其鄰近地區擴張勢力的事情，都令印度的政策制定者擔憂不已。

同時，中共在西藏也將軍隊從十萬人增至四十萬人，飛

機跑道也延長，使得中共向俄羅斯新購的蘇愷 27 可以在此升降，這些都使得印度在此區域的空軍優勢遭受破壞。中共很快速地與俄羅斯以及新獨立的中亞各國解決邊界的紛爭，然而卻無意與印度解決領土的爭議，顯然是向印度施壓。中共也同時拒絕與達賴喇嘛進行會談，討論西藏真正自治的問題，儘管曾在五〇年代承諾展開談判。

尤有進者，中共正大力進行軍事現代化的計畫。這計畫包括獲得先進的戰鬥機、潛艦、驅逐艦、精密的對空防衛飛彈、空中加油、早期預警機（AWACs）、先進的核子飛彈燃料技術以及更精密的衛星導航科技。令印度懊惱的是，中共藉由便宜的軍售而得的軍備，都是來自過去印度的盟邦——俄羅斯。而令印度不安的就是中共一直強調的精巧、多彈頭的戰術核武，以及遠洋海軍的發展。這意味著中印之間的軍力差距已越拉越大了。

這些發展都受到印度軍方的關切，認為一個強大繁榮的中共將使印度籠罩在其陰影之下。就長期而言，他們害怕權力平衡的天平倒向中共那一邊，使得印度必須面臨到身為弱勢的一方，而與中共進行談判的不利情況。一旦印度不被視為是軍事強權的話，就不會被看得起。

印度中國政策的批評家指出，一九八八年以來，中印修好並未減輕印度的安全顧慮。印度特別關切的就是中共持續成長的經濟與軍事實力，會挑戰印度成為區域領導者角色的願望。於是，印度便與中國在中南半島的鄰國越南和寮國，以及

其他持有與印度相同的「中國威脅」觀點的東協國家，建立緊密的關係。

　　由於現今世界超強美國與正在上升的強國中共存在著緊張關係，印度遂想與美國靠攏。這項在冷戰後印美關係的進展，使得一些印度觀察家認為不斷改變的戰略現實——中共不斷增加的自信，以及其在印度洋或台海放手一搏的可能——會促使華府尋找另一個亞洲的替代強權，以圍堵中共的影響力。而印度方面則希望獲得美國經濟和軍事的援助，以便取得並維持在南亞與中共抗衡的優勢局面。北京方面則擔心印美戰略聯合的可能。然而，印美修好之途已被核不擴散與地緣戰略所阻礙。美國希望印度能成為抗衡中共的一股勢力，而不是成為一個核子強權。但是就印度而言，其核武及飛彈都是其中國政策的一部分，而且唯有藉著這些武器才能與中共抗衡。美國也不可能放棄它長期的盟邦巴基斯坦，因為美國可以藉此在中亞展現其影響力。

　　此外，從一九九五年起，柯林頓政府便默認中巴的核武及飛彈合作，且更進一步在中國保證限制對伊朗（而非巴基斯坦）進行武器出口之後，同意對中共輸出首批的衛星及核武科技。整個八〇年代，戰略的考量（巴基斯坦作為對抗蘇聯占領阿富汗的前線國家）使得美國歷任政府對中共轉移飛彈及核武技術至巴基斯坦視而不見。九〇年代則是美國的貿易和其他經濟考量又高於美國對核武擴散的關切。當中共因其核武擴散行為獲利時，印度則被處罰而遭受限制。印度指出，它不像中共

一般，從未輸出任何核武及飛彈技術，儘管海珊和格達費出價百億（這樣，印度也有好處，因為無論是售往伊拉克或利比亞的科技，最終可能會落到巴基斯坦的手上）。柯林頓政府協助中國軍事現代化更加深印度的恐懼，它擔心美國的核武和飛彈技術將出現在巴基斯坦的土地上。華府表面上反對中國將科技轉移至巴基斯坦，並無助於緩和印度的不安全感。印度相信自己的安全被華府和其他國家所忽視，因為大部分的西方國家正忙著在中國廣大的市場上獲利。

印度核試亦與其核武的可信性與技術有關。自從九〇年代初期，印度的科學界和戰略界發出了對於印度核武可信度以及可依賴度的關切，這是由於印度的核武只依靠一九七四年的那次對粗略的核武設計之試爆。巴基斯坦已擁有中共試爆成功的核彈頭以及飛彈，然而印度的科學家卻還不能百分之百肯定他們的核武可用而且可以信賴，能做為一個穩定的核武嚇阻力。尤有進者，五個擁核國已經朝向更小、更實用的核武發展，因為藉由這些核武及飛彈技術的進展，可以將核武使用於區域戰爭，可以減少無辜平民的傷亡。製作小型核武也是需要試爆的。核子嚇阻能力不只被視為是通往二十一世紀先進科技的橋樑，同時它也與科技的整合相關。有些在軍事事務革新（Revolution of Military Affairs）中的智慧系統是以核子武器為基礎。印度擔心該革新所帶來的影響，就是西方國家與像印度這種的中等強權彼此間的防衛力量的差距加大。而也就是在這種背景之下，印度科學界認為極需要再進行核試爆，以消除

外界對印度核武能力的疑慮，以及滿足改成小型核彈的需要。

　　印度的核試亦與其自尊及自主有關。對照印度的文明、文化的特質，以及它的人口和潛力，更別說印度在南亞的主宰地位，印度的精英分子長期懷有一種缺乏受尊重的悲嘆。人民黨要印度成為一個核武、太空以及資訊科技的強權。尤其核武是人民黨用來與外在世界談判時，能站在強者地位發言的籌碼。他們相信像印度這些亞洲強權國家，就是缺乏先進的軍事科技，才會淪為歐洲國家的殖民地。而核武就好像是權力貨幣一般，驅使印度歷任政府在中共試爆成功後，努力去跨越核武的門檻。核試爆說明了印度的自主性，同時也表現出印度反對由美國所領導，處理全球事務的安理會五常任理事國和七大工業國，因為它們排除了全世界最大的民主國家，且很少關心世界權力關係的改變，以及權力平衡改變的現實。

　　印度對核武矛盾的心態背後，有一個不為外人道的理由，那就是白人國家擁有核子武器，隱含著種族和科技的優越，所以不能不去挑戰它們。從印度的角度觀之，其核試爆正說明了第二次大戰後由美國所領導和美國人及歐洲人所長期掌控的權力結構，並不能真實的反映出國際社會權力配置的情況。

　　另一個相關的理由便是人民黨所領導的不穩定聯合內閣，藉由公眾支持的核試爆來繼續維持住它的一口氣息。由瓦巴依領導的印度政府，是一個由印度人民黨和十三個政黨組成的聯合政府，結合的基礎相當脆弱，自三月上台以來彼此缺乏

共識，隨時可能分崩離析。因此瓦巴依為團結國人，凝聚民心，鞏固其執政地位，以擁有核子武器的鄰國中共之威脅，當作合理化發展核子武器的藉口，並以迎合民眾希望印度擁有核武之心意，以爭取民心。事實上，不少發展中國家的領導人物在面對國內危機時慣用的手段，就是製造一個外在的威脅以團結內部，並轉移內部的注意力。

人民黨在九〇年代前，仍是一個與若干極端派團體有關的小黨。該黨的基本立場是宣告印度為核武國家，修改憲法以便將印、巴兩國雙方爭奪的喀什米爾全部納入印度版圖，取消印度境內非印度教徒所享有的特殊權利。人民黨矢志復興印度教，視印度為印度教國家。一般認為，一九九二年印度境內對回教徒的暴行，包括摧毀阿育打（Ayodha）清真寺而導致二千五百人死亡，人民黨應負其責。惟至一九九五年，人民黨改採溫和的形象，一九九六年已成為最大和最有紀律的政黨。

一九九八年大選中，人民黨在國會獲得一七一席，國大黨（the Indian National Congress）只獲得一四一席，由十個小黨組成的聯合陣線取得九十八席。人民黨聯合十三個立場分歧的小黨，組成聯合政府，但是執政後面臨一連串的問題，包括兩位部長由於涉嫌貪污而下台之事。因此，印度政府以公開核武的大動作，滿足人民樂見印度為核武國家的心理，以爭取人民的支持[2]。

---

[2] Devin T. Hagerty, "South Asia's Big Bangs: Causes, Consequences and Prospects," *Australian Journal of International Affairs*, 53:1(1999): 21.

　　印度核試的另一原因是為爭取聯合國常任理事國奠基。印度早已積極爭取為安理會的常任理事國,而目前五個常任理事國又恰好是五個核武國,擁有核武不僅增加印度的自信心,佐證其大國的地位,更是爭取為常任理事國的必備條件。

　　但是美國副國務卿陶伯特不認為核試有助於印度爭取常任理事國的席任,指出常任理事國的安排,是對第二次世界大戰後地緣政治現實的承認,並非基於核武的有無[3]。

(二)巴基斯坦跟進試爆

　　印度核試後,柯林頓和巴基斯坦總理夏立夫通話數次,極力勸阻巴國跟進核試。巴基斯坦政府在印度核試後,立刻面臨國內壓力,促其進行報復性的核試。美國等西方大國則一再力勸巴國自制。巴國政府表明,不可能因為其他國家揚言施加制裁而放棄本身的核武計畫。然而,巴基斯坦外長阿育布於五月二十四日表示,如果巴國在一個月內獲得足以恢復巴、印兩國軍力及戰略平衡的武器,巴國或許不會進行具有報復意味的核爆,此外,各國也應提供巴國經濟援助。阿育布並未點明哪些國家應該提供巴國軍經援助,不過一般認為最主要的國家包括美國與中共。中共當局曾經聲稱,如果巴基斯坦遭到侵犯,將對巴國伸出援手,然而,中共當局從未允諾提供巴國核子保

---

[3] Strobe Tabott, "Dealing with the Bomb in South Asia," *Foreign Affairs*, 78:2 (March/April 1999): 116-117.

護[4]。

　　阿育布的表示可能只是一種外交姿態，巴國國內支持核
試的人士，尤其是軍方人士並不贊成阿育布的立場，認為該立
場是在國家安全議題上妥協，同時對國家自尊造成打擊。

　　巴基斯坦指控強調民族主義的印度人民黨為了擺脫政爭
泥沼，遂放手一搏，靠核試爆拉攏民心，並藉此鞏固總理瓦巴
依的執政地位。其實瓦巴依上台後，印、巴兩國之間的敵意即
有增無減，巴國總理夏立夫曾在一九九八年四月二日寫信給美
國總統柯林頓等多國領袖，提醒他們注意印度野心勃勃的核子
企圖。但夏立夫說。既然國際社會對印度公然「扼殺」全球禁
核擴散的努力保持緘默，因此巴國保留以牙還牙的權利。

　　美國曾多方勸阻巴國進行報復性核試。美國高層官員試
圖說服夏立夫政府，如果巴國不進行核試，更能獲得國際的聲
望。美國亦向巴國提出廢除普萊斯勒修正案之主張，以便恢復
對巴國的軍經援助。美國除了利誘之外，更以進一步的制裁相
威脅。華府表明，除了繼續執行普萊斯勒修正案的制裁，會實
施格倫修正案的制裁，從而停止政府對在巴國投資的保證，並
且反對國際金融機構對巴國的貸款。

　　美國除了經由雙邊外交途徑，向巴基斯坦施壓，要求自
制外，亦請託中共勸阻巴國勿進行核試。在巴基斯坦二十八日
進行核試爆之前，中共國家主席江澤民與美國總統柯林頓，曾
經首次使用雙方之間的熱線電話通話，隨後江澤民接受柯林頓

---

[4] 《聯合報》，民國 87 年 5 月 25 日，版 11。

的請託寫信給巴國政府。

　　江澤民的信函顯然沒有能勸阻巴基斯坦進行核試，但江澤民與柯林頓通話後願意發出信函，顯示出中共對美國的誠意，以及中共願打破過去對巴基斯坦的支持。江澤民應柯林頓要求發信給巴基斯坦，這個具體事例顯示美國與中共在處理印度和巴基斯坦進行核試引發的危機時，出現了雙方所期望的夥伴關係。中共方面並未向美國官員出示江澤民信函的副本，但美方相信江澤民在信中要求巴基斯坦不要進行核試[5]。

　　夏立夫事實上面臨兩難的困境，他如果順應國人，尤其是軍方人士的要求而進行核試，已經很艱困的巴基斯坦經濟，必將因國際社會必然施加的制裁，而受到更大的打擊。他如果宣布不進行核試，將為國內政治帶來風暴，甚至嚴重傷害本身的政治生命，而對經濟的傷害亦將可能同樣的嚴重。最後，他選擇了核試。巴基斯坦於五月二十八日和三十日兩度舉行了六次連串地下核子試爆，對等式地向印度示威。自一九七四年印度試爆核子裝置後，國際社會擔心的南亞核武競賽終於化暗為明。兩國去年乍現的修好曙光已經徹底粉碎，核武對峙時代正式揭開序幕。

　　巴基斯坦政府並未屈從於美國的壓力，原因有多重。首先，由國際上對印度核試的制裁觀之，巴國認為西方國家並不團結，從而破壞美國阻止國際機構對巴國貸款的努力。其次，

---

[5] 同上註。

巴國政府認為經濟制裁難以維持長久，而且美國又重視巴國的戰略地位，恐懼基本教義派在巴國的勢力發展。第三，巴國認為，同情巴國的回教國家，諸如沙國，會協助巴國克服其在國際上的孤立[6]。第四，巴基斯坦決策者認為印度的核試對巴國形成挑戰，而必須採取對等的因應之道。瓦巴依在印度試爆後嚴厲警告巴國，必須放棄對喀什米爾回教好戰分子的支持，否則將面臨新的戰略環境的後果。因此，夏立夫總理在巴國核武試爆後說，巴國與印度已「互不相欠」。

二、國際的反應

柯林頓總統於印度核試前即已警告印度，會對核試行為實施嚴厲制裁，以求阻止印度進行核試。他在印度不顧美國警告而舉行核試後，表明對印度全面實施嚴厲制裁，同時敦促印度宣布不再進行核試，並呼籲印度的鄰國不要進行對抗性的核試。他指責印度的核試「不僅威脅南亞地區的安全，而且是對停止核試的國際共識形成直接的挑戰」[7]。

在印、巴兩國核試前，美國國會早已制定若干法規，制裁違背核不擴散條約的國家。美國國會於一九七六年通過薛明頓修正案，規定任何國家被發現在國際防護（international safeguards）規定外從事濃縮鈾裝備或科技行為時，禁止美國

---

[6] Samina Ahmad, "The (Nuclear) Testing of Pakistan," *Current History*, 98:623(December 1998): 408.

[7] *IHT*, May 13, 1998, p.1.

對該國給予援助，但是授權總統基於國家利益，可以放棄上述制裁。

　　一九七七年美國通過格倫修正案，規定凡是核不擴散條約下的非核國家，如果試爆核子裝置，美國不得對之提供外援。一九八五年美國國會通過普萊斯勒修正案，禁止對巴基斯坦提供軍經援助，除非總統每年確認巴基斯坦未擁有核子爆炸裝置，而且對該國的援助對減少該國擁有該項裝置極有幫助。因此，在印度舉行核試後，柯林頓總統不得不依法律規定，宣布制裁。

　　美國決定對印度採取的制裁措施包括：中止對印度的五千一百餘萬美元的援助、禁止向印度出口防務產品和技術、停止政府對向印度出口的廠商提供一百零二億美元的擔保、禁止美國銀行向印度政府提供貸款，以及阻止國際金融機構對印度提供貸款等，柯林頓總統同時要求其他國家採取同樣的行動。

　　加拿大總理克雷蒂安發表聲明，譴責印度核試引發南亞大陸的核武競賽，並導致其他國家也試驗、發展核武。加拿大除召回其駐印度高級專員以示抗議外，並取消加拿大有關機構對印度提供經濟援助和加強雙邊關係的一些會議。

　　日本首相橋本龍太郎宣布日本凍結對印度的三千萬美元無償資金援助，中止對印度的十億美元貸款，並慎重考慮世界銀行等國際金融機構對印度的融資。日本政府還決定臨時召回駐印度大使。

　　中共外交部發表聲明，對印度政府不顧國際社會的強烈

反對，繼五月十一日進行核試驗之後，又於五月十三日再次進行兩次核試驗，表示深感震驚，並予以強烈譴責，強烈要求印度立即停止發展核武，俄國亦對印度核武表示失望與遺憾。聯合國秘書長安南通過其發言人辦公室發表聲明，對印度進行的核試驗表示遺憾。安南在聲明中說，一九九六年第五十屆聯大通過的「全面禁止核試條約」，要求所有成員國履行不進行核試驗的承諾，以促進全面防止核擴散，促進核裁軍進程，從而增進國際和平與安全。

巴基斯坦舉行核試後，美國總統柯林頓五月二十八日發表聲明，譴責巴基斯坦的核試，指出巴基斯坦失去了一個強化其安全，以及改善它在世人眼中政治地位的大好機會。他同時表示美國除了對巴國進行制裁外，別無選擇[8]。柯林頓宣布，美國將比照對印度的制裁，制裁巴基斯坦。

美國制裁的內容包括：美國援助巴基斯坦每年三百萬至四百萬美元的援款將立即中止；巴基斯坦每年八百萬至一億兩千萬美元的商業武器採購將遭凍結；美國將反對世界銀行和國際貨幣基金貸款給巴基斯坦。另外海外民間保險公司和美國進出口銀行的對巴基斯坦的貿易支援也將立即停止。

如同美國對印度的制裁一樣，多邊貸款的凍結可能使巴基斯坦受創最深，美國對世界銀行和國際貨幣基金可發揮決定性的影響力。格倫修正案可以中止世界銀行未來對巴基斯坦的任何貸款，但當時價值四十四億美元的四十一項貸款案不受影

---

[8] 《中國時報》，民國 87 年 5 月 29 日，版 13。

響。

　　美國政府依法對印、巴兩國所實施的制裁，實際上是有限度的制裁，目的是降低對兩國人民所造成的傷害，避免完全中斷與兩國的關係。美國的制裁只中止對兩國的經濟援助和貸款，以及對兩國的軍售，但是並未禁止貿易往來，未禁止美國銀行對兩國私人企業的貸款，更未禁止美國公司在兩國的投資。惟美國對印、巴兩國的軍售將全面停止，已批准的軍售則停止付運[9]。

　　英國外長庫克發表聲明，英國將立刻召回駐巴基斯坦高級專員返國述職，以表達對巴國核試的不滿和抗議。印度兩週前進行核試後，英國也將駐印度高級專員調回。英國也比照對印度的作法，降低與巴基斯坦的軍事合作關係。他同時譴責巴基斯坦進行核試，敦促巴基斯坦和印度兩國政府不要再進行核試，並且希望印、巴兩國能夠通過對話的方式，解決彼此間的分歧與爭端。聲明還對南亞地區日益加劇的核擴散表示嚴重關切和不安。

　　聯合國安理會「強力譴責」巴基斯坦進行核試，並呼籲印度和巴基斯坦勿再進行任何試爆。這項以安理會主席名義發布的聲明是由美國與俄羅斯領銜提出。

　　在美國主導下，聯合國安理會於五月兩度通過「深表遺憾」的聲明。六月六日，安理會無異議通過一項決議案，呼籲

---

[9] *IHT*, June 20, 1998, p.3.

印度與巴基斯坦兩國勿再進行核子試爆,中止武器開發計畫,
並無條件簽署核子管制協議。安理會十五個理事國譴責印、巴
兩國近來相繼進行核試的行動,並呼籲雙方以實際行動避免危
險的武器競賽。決議案呼籲兩國停止核試,以非核武國家的身
分簽署核不擴散條約及全面禁止核試條約,以及竭力避免發展
及部署核子武器。另外,決議案還呼籲印、巴兩國透過雙邊談
判,解決雙方有關區域安全及喀什米爾問題的爭執。

此一決議案否認印、巴兩國具有「核武國家」的地位。
如果正式取得核武國家的地位,印、巴兩國將可根據核不擴散
條約的規定,堂而皇之的保留現有的核武。

印、巴兩國同聲駁斥此項決議案透露的立場。印度外交
部發表聲明指稱,安理會的此項決議具有威嚇的意味,而且無
濟於事,安理會的做法只會使得緊張情勢更為惡化而非緩和。
聲明指責,同為安理會常任理事國的全球五大核武強權美國、
俄羅斯、中共、英國、法國採用雙重標準。新德里當局呼籲各
國致力達成裁減全球軍備的目標及理想,並稱印、巴兩國之間
的喀什米爾主權爭執只能在無外力調解干預的情況下,循「雙
邊直接談判」獲得解決。

巴國當局指稱,安理會必須為目前的危機負責。它並指
控聯合國秘書長安南與安理會,一再忽視巴國所稱喀什米爾地
區的印度部隊屢屢違規的事例。巴國政府說,外力無法強迫它
簽署核不擴散條約及全面禁止核子試爆條約。安理會昧於事
實。條約的義務不能強加在非簽約國的身上。安理會的決議案

並未適度且有效的直指問題的核心所在,巴國當局對此深表遺憾。喀什米爾問題是南亞地區近來出現嚴重危機的關鍵,然而,決議案並未列出具體可行的解決方案。巴國對此深表遺憾。回教國家指稱,安理會一再忽略以色列拒絕簽署武器管制條約,和接受國際社會針對以國武器發展計畫進行管制的行徑。

　　美、俄、中、英、法五個安理會常任理事國六月四日發表聯合公報,譴責印度及巴基斯坦進行核子試爆,要求兩國立即停止所有核試,不得核武化及部署核武,並拒絕承認印、巴兩國核武國的資格。五強指出,依據核不擴散條約條款,印、巴兩國雖然已進行核試,仍不具核武國家資格。五大核武國要求印、巴兩國立即且無條件簽署核不擴散條約,及全面禁止核子試爆條約。

　　發表五強聯合公報的五國外長會議由華府、北京主導召開,為印、巴兩國核試後五強首次在安理會的架構下另行磋商對策,並由中共外長主持會議,顯示印、巴兩國核試觸發的新情勢,已大幅擴展北京在禁核領域的戰略空間。五核武國的聯合公報,使用比安理會聲明更嚴厲的「譴責」語句,指責印、巴兩國發展核武,並具體要求兩國不得再核試、核武化,不得再測試、部署核武及投擲核武的導彈;五強承諾要「緊密合作」,阻止南亞核擴散之餘,也強調將「積極鼓勵」印、巴兩國經由對話紓緩緊張情勢,並在印、巴兩國要求下,推動建立安全與互信的機制。五強承認只走出了促使兩國「臨崖勒馬」

的第一步，五國並未拿出勸止印、巴兩國進行核子軍備競賽的誘餌，也未祭出新的制裁[10]。

　　美國等五大核武國對印、巴兩國核武的反應，充分顯示嚴以律人、寬以待己的不合理立場。美國、中共、英國、法國、俄羅斯這五個核武大國，在核子研發能力大不相同時曾內訌，如今卻口徑一致要求在核武研發上，屬後進國家的印、巴兩國簽署禁核條約，難免予人「只准州官放火，不准百姓點燈」的印象，易引起其他有意發展核武的國家反彈，使反核努力可能再遭挫折。一九四五年以來，世界上舉行過兩千次以上的核子試爆，其中，美國幾乎占了半數，蘇聯及其繼承者俄羅斯居次約七百次，法國約兩百次，中共與英國各約五十次。最初限制核試的是一九六三年八月簽署的局部禁止核試條約，該條約禁止核試的範圍包括在大氣層、太空及水中，換言之，即地底以外的其他地方全部禁止進行核試。但法國以「美蘇已進行多次試爆，當然不需再試爆，法國尚在發展階段」為由，拒絕簽署該條約。

　　而中共也抨擊該條約不對使用、製造、擁有、試驗核子武器規定全面禁止，無法阻止美國發動核子戰爭，而對該條約進行杯葛。以上所舉法國和中共所持的理由雖是三十五年前的往事，但與印、巴兩國不滿核武被少數國家壟斷而提出的反駁論調卻有極相似之處。局部禁止核試條約問世三十多年後，聯合國大會於一九九六年九月通過全面禁止核子試爆條約，當時

---

[10] 《聯合報》，民國 87 年 6 月 6 日，版 11。

已累積相當多核子技術的中共雖然亦表明願締約，但中共的核試一直進行至條約通過前的一九九六年七月，而法國於南太平洋上的核試也持續進行至同年一月，中共和法國現今改採不會引起核子爆炸的次臨界核試，其數據相信就是在一九九六年全面禁止核試前一連串試爆所得。

因此，當核武五強要求印、巴兩國立即無條件簽署全面禁止核試條約時，很難反駁印度所謂「全面禁止核試條約未禁止不引起核爆炸的次臨界核試是不公平的差別待遇」的指責。

核武霸主美國雖然對印、巴兩國進行核試採取非常嚴厲的態度，但本身在核武問題上卻明顯有「嚴以律人、寬以待己」的作風。例如，一九七〇年生效的禁止核子武器擴散條約，目地在於防止核武技術流入五個核武國家以外的國家，但是美國對被認為擁有發展核武能力的以色列卻相當寬容。這也是易讓其他國家質疑美國採取雙重標準的原因。

柯林頓政府副國務卿陶伯特（Strobe Talbott）負責與印、巴兩國的談判。在經過數回合的談判後，陶伯特於一九八八年十一月十二日在華府布魯金斯研究所（ the Brookings Institution）的演講和「外交事務」季刊的文章中，就阻止南亞核武競賽及降低緊張情勢，提出下列五項步驟：

(1)印、巴兩國簽署全面禁止核試條約。

(2)參加停止生產核分裂物質的談判，並且在該條約簽署前，即同意停止生產之。

(3)自我節制而不部署核武和飛彈。

(4)管制核武和飛彈有關的技術、原料和裝備。

(5)進行對話以化解雙方之間的爭執。[11]

美國敦促兩國遵守「核子供應集團」（the Nuclear Suppliers Group）及飛彈管制協定（the Missile Technology Control Regime）的規定。印、巴兩國雖然表示願意簽署全面禁止核試條約，但是無意停止生產核武用的分裂物質，亦不願限制彈道飛彈的發展。

印、巴兩國在美國及其他六大工業國加的壓力下，於十月十八日在巴國首都伊斯蘭馬巴德舉行了三天的外長會議。此為近一年來兩國首度認真舉行會談。但是除了兩國外長在聯合聲明中強調對減少衝突的承諾外，會談並無結果。

印度拒絕承認喀什米爾是有爭議之地，亦不同意將喀什米爾問題與其他問題相連，更反對巴基斯坦所提簽訂互不侵犯條約的建議；巴基斯坦則拒絕印度所提簽訂不首先使用核武協定的要求[12]。

三、印巴核試的影響

印度次大陸的核子試爆，其影響在未來數十年間可能不

[11] Strobe Talbott, "Dealing with the Bomb in South Asia," *Foreign Affairs*, 78:2 (March/April 1999): 120-1.
[12] *Far Eastern Economic Review*, November 5, 1998, p.27.

致消失。

最重要而立即的影響，是對核不擴散體制和核武控制的衝擊。印度與巴基斯坦在兩星期內連續引爆了十一顆核武，將核不擴散體制炸成兩半，也威脅到西方四十年來規劃的安全基礎。儘管依嚴謹的法律來說，印度（或巴基斯坦）並未違反任何國際條約和承諾，但是南亞核爆的事實仍如杭廷頓（Samuel Huntington）在《文明衝突》一書所言，代表著「多文化世界中，緩慢但無可避免的權力分散之主要現象」。核武尚未失去其作為權力工具的價值。

不管印度和巴基斯坦是否逃避掉美國法律的制裁，亦不論禁止核武擴散條約的定義為何，總之兩國擁有核武的事實已經化暗為明，制裁和訓誡都無法改變這項發展。很顯然地，任何經濟及軍事制裁，是無法讓一個決意要發展核武的國家改變心意。儘管五個擁核國裝腔作勢，還是無法當作沒有發生這些事。它們將被迫去反省它們的不擴散政策以及裁武計畫。事實上，低於千頓的核設計試爆在現今的全球監視衛星是無法偵查到的，而這也顯示出核不擴散體制的漏洞。將核武公約建構在化學武器公約及生物武器公約的原則上，則是解決紛爭的方式之一。但問題是五個常任理事國從未認真思考完全解除它們核武的可能性。很可能該五國會將印、巴兩國的核試爆視作是一種區域性的現象（認為南亞早已是核武區域），而繼續維持不擴散體制。

另一危險的影響是印度對核不擴散體制的挑戰，可能導

致各國的起而效尤。骨牌理論說明了南亞開啟了其他緊張區域發展核武的可能，中東的敘利亞、伊朗與伊拉克、北非的利比亞、東北亞的北韓、日本與台灣皆是核武門檻國家，或企圖發展核武的國家。一旦伊朗、北韓、伊拉克及其他核子門檻國家，觀察到美國及聯合國安理會對印、巴兩國的制裁「雷聲大雨點小」，可能受到鼓舞，而暗中恢復核武計畫。核武擴散不僅使南亞局勢動盪，也使其他潛在衝突區域如中東、東北亞增添一股潛在不穩定的暗流。

而在東南亞，越南尋求來自印度的核武及飛彈科技。最令人擔心的是，如果巴基斯坦破產，又可能會將其核武技術分享給其他伊斯蘭國家，以換取所需的經援，或者繼續從事國際非法販毒走私的勾當。亦因此故，美國和西方國家儘管進行制裁，還是不會讓巴基斯坦破產。因為他們需要一個穩定的巴基斯坦，更甚於巴基斯坦需要他們。

在印度與巴基斯坦相繼進行核子試爆，造成南亞情勢緊繃之後，日本媒體引用防衛聽的消息報導說，北韓目前至少擁有一顆核彈，印、巴兩國的核子試爆可能會刺激北韓也快速進行核武發展。如果北韓發展核武，則南韓也可能希望擁有核武加以對抗，將造成東北亞另一緊張的局勢。印、巴兩國都以自衛為由，主張擁有核武的正當性，這將造成核武發展國家的抬頭，朝鮮半島、中東和南亞三個地區不久的將來，發生核武戰爭的可能性因而相對增高。

防衛聽強調，防止核武擴散條約只限定美、俄、英、法

與中共五國為核武擁有國家，與全面禁止核試條約的架構間已產生矛盾，將被迫進行修正。防衛聽建議日本政府，協助推動美國的導彈防衛構想[13]。

印度的核試打破了美國維持南亞安定的政策假設，美國對印、巴兩國的關係亦全面受到衝擊。一九七四年以來，美國對南亞的政策即基於一項假設：美國如果對印度的核武能力採取刻意而客氣的模糊態度，則可望維持南亞的安定。印度的核試使得該項假設無法成立，美國立即面臨阻止核試連鎖反應的挑戰。印度的核試亦摧毀了美國的另一項假設：美國強化與印度的政經關係和對話，可以逐漸化解印度安全上依賴核武的堅持。美國希望印度致力於發展經濟，日後以強大的經濟力作為維護安全和在國際上發揮影響的工具。此項希望亦隨印度核試而破滅。

新的核武競賽不僅暴露出美國外交政策的無能，也讓美國在全球事務的領導權產生疑問。從北韓到伊朗，美國防阻核不擴散政策成效並不佳。而這些區域卻是全球一半人口所居住的地區。證據顯示三個因素導致此項結果：柯林頓政府的中國優先政策，對於中巴危險聯合的故意忽略，還有就是美國防阻核武擴散政策的「一體適用原則」，導致在全面禁止核試條約時將印度逼到牆角。

南亞核試的另一影響，是使美國在南亞所採的「凍結—

---

[13] 《聯合報》，民國 87 年 6 月 4 日，版 11。

銷毀—終止」（cap- roll back- terminate）核武的政策難以為繼。
印度核試後，公開宣布為核武國家。美國事先未能防阻印度核
試，事後難以迫使印度放棄核武，因為印度早已表明，五大核
武國家應承諾銷毀核武的時間表，印度方願加入全面禁止核試
及禁止核武擴散條約。美國如果要求印度放棄核武，印度必然
要求美、中共等國作出上述承諾。印、巴兩國已正式成為全球
第六及第七個核武國家，打破自一九六八年禁止核武擴散條約
頗為成功的規範。

　　另一影響是增加美國防阻南亞大戰發生之困難。印度核
試迫使巴基斯坦跟進核試，致使印、巴兩國從事核武及傳統武
力的競賽。而印、巴兩國已經發生三次戰爭，一九九六年亦瀕
臨戰爭邊緣。雙方武裝競賽使原本具有爆炸性的印巴爭議更有
隨時爆發的可能。而一旦戰起，雙方可能使用飛彈及核武，形
成南亞大戰。美國追求南亞的安全，困難倍增。

　　此外，印度兩回合五次核試亦暴露美國情報之缺點。美
國皆未能事先偵知，與政府強調做好情報工作以強化決策之說
不符。

四、國會對制裁的立場前後不一

　　美國國會在印、巴兩國舉行核試後，要求政府立即實施
格倫修正案。眾院少數黨領袖蓋哈特（Richard Gephardt）並
且取消了預定到印度的訪問，以表明美國與印度的關係不會一

切如常。若干國會議員亦擔心南亞的核武競賽有失控之虞，參議員馬侃（John McCain）和莫乃漢（Daniel Patrick Monyihan）皆表示，印、巴兩國的核試爆是一九六二年古巴危機以來最嚴重的情勢。

　　然而，美國政府宣布制裁後不久，國會的態度即開始轉變，由支持政府實施嚴厲制裁的主張，轉為敦促政府不僅放棄格倫修正案的制裁，亦放棄薛明頓和普萊斯勒修正案的制裁。國會議員最初堅信，嚴厲的制裁方可對其他有意倣效印、巴兩國的國家發生嚇阻之效。但是到了一九九九年底，國會議員對印、巴兩國核爆的憤怒，已轉為接受事實，甚至諒解兩國的行為，美國國會似乎已經放棄一九七七年以來阻止核武擴散的努力。

　　美國國會試圖達成數項不能相容的目標。國會過去關切核武的擴散，又欲與總統在外交方面競爭發言權，因而制定一連串自動制裁核武擴散國家的法規。但是冷戰結束後國家利益的考量，國內南亞裔美國人社團的影響力，工、商、農各界對南亞日增的商業利益，皆使國會議員將核武擴散問題置於次要地位，轉而積極尋求取消對印、巴兩國的制裁。

　　柯林頓政府亦認為，法律硬性規定的制裁，對政府試圖透過外交途徑去化解印、巴兩國核武的努力，並不有利，因而亦有意推動修法。美國對巴基斯坦實施制裁後，格倫修正案應予修改的呼聲開始出現，因為制裁的威脅顯然未能達成預定的目的，反而使已陷入經濟困境的巴基斯坦雪上加霜，而巴基斯

坦如果出現政治和經濟不穩定的情勢，並不符合美國的國家利益。

　　美國於五月實施的制裁並無時期的限制，亦無彈性。美國的製造業和農業團體認為，美國單獨實施制裁未能產生阻止印、巴兩國核武的競賽，反而懲罰了美國製造業與農業，使得日、歐相關競爭者有機可乘，搶奪印、巴兩國的市場[14]。

　　一九九八年七月十日，參院以九十八票對零票通過恢復對印、巴兩國出口農產品信用貸款的法案。巴基斯坦是美國小麥的第三大輸入國，參院的法案將美國農產品排除在制裁之外，為美國農民參加巴基斯坦七月中旬的三十五萬噸小麥的招標清除了障礙。七月十四日，眾院亦通過該法案。美國總統柯林頓簽署該法案時聲明，制裁是為了阻止南亞的核武競賽，但是不能因此增加農民的負擔。他指出，美國百分之三十的農產品是銷往國外的，他的政府要尋找擴大農產品出口的途徑，而不是限制出口[15]。

　　七月十五日，國會又採取了進一步放鬆制裁的行動。在政府的支持下，參院近東與南亞小組委員會主席、堪薩斯州的共和黨參議員布朗貝克（Sam Brownbake）提出修正案，授權總統停止執行格倫修正案、薛明頓修正案和普萊斯勒修正案，為期一年。但是有關軍援及出售軍民兩用科技及武器的制裁，仍然維持不變。布朗貝克修正案（the Brownbake Amendment）

[14] *China News*, July 17, 1998, p.4.
[15] *IHT*, July 11-12,1998, p.4; 《人民日報》，1998 年 7 月 17 日，版 6。

通過後正式名稱是「印巴救濟法」（the India-Pakistan Relief Act）。原本堅持反對放鬆制裁的格倫參議員，很「巧合」地離開華府，接受太空艙的飛行訓練。

　　國會通過布朗貝克修正案後，柯林頓總統立即恢復對印、巴兩國軍事訓練計畫的經費，以及對美國私人在印、巴兩國經商投資的政府擔保的信用貸款。柯林頓亦取消對印、巴兩國商業信用貸款的限制，並宣布支持巴基斯坦向國際貨幣基金會提出十五億六千萬美元的貸款申請[16]。

　　美國和國際組織對兩國的經濟制裁，對印度的衝擊不大，但是使得巴基斯坦瀕臨無力清償國際債務的邊緣。因此，柯林頓授權美國官員，批准國際銀行對巴基斯坦的貸款，並且與國際貨幣基金會協調，重新安排巴基斯坦的債務清償。

　　美國官員表示，美國與印、巴兩國六個月來的談判已獲進展，包括兩國承諾遵守全面禁止核試條約，自願停止進一步核試。因此，美國宣布暫停經濟制裁一年，目的是促使兩國進一步接受美國停止核武競賽的要求。柯林頓在巴基斯坦總理夏立夫訪美前夕，宣布暫停經濟制裁，表明避免巴基斯坦陷入經濟困境。柯林頓與夏立夫會談後，又消除了美國與巴基斯坦長期未解的一項麻煩，同意付給巴基斯坦三億兩千五百萬美元及一億四千萬美元的貨物，以作為巴基斯坦所購但美國未交付的二十八架 F-16 戰機的補償。

---

[16] *IHT*, November 9, 1998, p.4.

　　一九九九年十月十一日，國會採取進一步行動，通過第二個布朗貝克修正案（Brownbake II），授權總統對印、巴兩國無限期停止執行格倫修正案、薛明頓修正案和普萊斯勒修正案的所有條款；並就印、巴兩國政府機構和私人公司，涉嫌與他們國家核武和飛彈計畫有關聯，致遭輸出管制規定的廣義適用時，聲明與美國國家利益不符；敦促政府適用輸出管制於機構和公司時，限於它們對毀滅性武器和飛彈計畫有直接和重大的貢獻，而且限於該等計畫的項目。

　　該修正案並未廢除前述制裁印、巴兩國的三項修正案，而是授權總統可以彈性處理制裁[17]。該修正案顯示國會對可能用於核武和飛彈發展的敏感科技，輸往印、巴兩國所受到的嚴格管制並不贊成，因而暗示性的授權輸出可能間接有助核武和飛彈發展的科技和原料。尤有進者，美國國會放棄了巴基斯坦未進行核試前對該國所實施的制裁。

　　美國政府在國會法律硬性規定下，本就深感難以採取彈性外交的手腕。第二個布朗貝克修正案授權總統，在他認為適當時機取消制裁，從而使總統以後與印、巴兩國談判時，有很大的彈性空間可以運用。

　　十月十二日，巴基斯坦發生軍事政變。美國參議院與眾議院於十三日及十四日通過包括第二個布朗貝克修正案在內的國防撥款法案，但是國會議員未因巴國政變而改變對該修正案的支持。

---

[17] *Ibid.*, October 15, 1999, p.5.

　　柯林頓總統於十一月六日，運用該修正案的授權，解除印、巴兩國的部分制裁，理由是印度與巴基斯坦在裁減核武計畫上已有進展。印、巴兩國已就核武問題達成一項備忘錄，承諾在一九九九年九月以前簽署全面禁止核子試爆條約；加入各國禁止生產核分裂物質的條約，並於日內瓦進行協商；矢言加強核子出口管制。不過美國仍希望印、巴兩國能進一步裁減核武計畫。

　　國會對印、巴兩國的制裁，短期內一百八十度的轉變，最主要的原因有三[18]。第一，政治原因。九○年代，國會對南亞（尤其是印度）的重視日增。此項重視部分是反映南亞裔美國人社區的變化。一九八○年印度裔美國人只有三十八萬七千人左右，但是其後十年多內，快速增加到一百二十一萬多人。印度裔美國人在亞裔人口中僅次於華裔和菲裔。

　　印度裔美國人遍及美國各州，其成年人中有百分之五十八的人擁有學士學位。他們擔任管理或專業職位的比例超過美國國內其他的族裔，擔任高收入的醫生、工程師、科學家、建築家、電腦專家的比例很高。結果是印度裔美國人的平均個人所得超過美國其他族裔人，包括白人。

　　印度裔美國人近幾年來，亦開始將其金錢和社會地位轉化為政治影響力。他們又多居於紐約州、新澤西州、加州、佛

---

18 Robert M. Hathaway, "Confrontation and Retreat: The U. S. Congress and South Asian Nuclear Test, " *Arms Control Today*, 30:1 (January/February 2000): 7-14.

羅里達州、賓州、密西根州、俄亥俄州、伊利諾州、德州和麻
州等大州,致發揮比其人數更大的影響力。

　　印度裔美國人亦組成壓力團體,在華府活動。這些團體
包括「印度裔美國人物理學家學會」(the American Association
of Physicians of Indian Origin),「印美友好協會」(the Indian
American Council)。一九九二年對印度友好的索拉茲(Stephen
J. Solarz)眾議員落選後,繼之而起的巴龍(Frank Pallone)
因選區內多印裔選民,於國會內發起組成「印度和印度裔美國
人的國會黨團」(the Congressional Caucus on India and Indian
Americans),宗旨即是促進美國與印度的關係。至一九九九
年,其成員多達一百一十五人,超過眾院議員的四分之一。

　　巴基斯坦裔的美國人只有印度裔美國人的十分之一,在
國會中亦無類似的黨團。國會議員因巴基斯坦民主和人權紀錄
欠佳,多避免被貼上支持巴國的標籤。

　　第二,美國商界的遊說。印度自一九九九年改採市場經
濟制度,其人口已超過十億,市場潛力巨大,深受美國商界的
重視。私人團體如「美印商業協會」(the U.S.-India Business
Council)和「印度利益團體」(the India Interest Group),為
了放鬆美國對印度的制裁而個別遊說議員。美國的商業和農業
團體的遊說,是國會放鬆格倫修正案制裁的關鍵。

　　第三,美國安全的新威脅。美國國會議員多年來皆以冷
戰思維處理南亞問題。因此,巴基斯坦是美國對蘇聯擴張的戰
略夥伴,而印度則是親蘇國家。蘇聯瓦解後,一些美國國會議

員或是受到「中國威脅論」和「文明衝突論」的影響，擔心中國和回教基本教義派會對美國安全構成威脅。因此，對印、巴兩國的態度易發生變化。印度被視為是牽制中國或防阻中國擴張的重要力量。激進回教徒的恐怖活動亦使得一些美國國會議員擔心巴基斯坦的未來發展，並從而增加對印度的重視。巴基斯坦支持喀什米爾游擊隊對印度的攻擊，又支持阿富汗的激進神學士政府，使得越來越多的國會議員將巴基斯坦與回教基本教義派劃上等號。

五、印巴的飛彈競賽

　　印、巴兩國發展核武時，亦進行飛彈的研發。兩國核試後，飛彈的競賽更趨激烈。一九九三年三月，印度首次試射射程一千五百公里的「火神」（Agni）飛彈。該飛彈有兩節。第一節是倣自美國「偵測兵」（Scout）飛彈，第二節則是倣自蘇聯「薩姆二型」（SAM-2）飛彈，一九八九年至一九九四年曾試射三次，包括彈頭重返的測試。其後，因美國及其他西方國家批評，該飛彈有為南亞軍備競賽推波助瀾之嫌，印度於一九九六年被迫擱置試射。

　　一九九四年，印度試射射程一百五十公里的「大地」（Prithvi）飛彈，可瞄準巴基斯坦境內的主要目標。「大地」飛彈亦是倣自蘇聯「薩姆二型」飛彈，載重量一千公斤。一九九六年一月二十七日，印度成功地試射改良型大地飛彈，射程

二百五十公里，可攜帶核子彈頭。印度準備將之部署在西部鄰近巴基斯坦的特加斯省和旁遮普省[19]。美國表示，印度部署大地飛彈會升高印、巴兩國之間的飛彈競賽和緊張關係。印度亦發展射程二百五十公里至三百五十公里的空射和艦射大地飛彈。

一九九七年七月底，印度可能受到巴基斯坦飛彈發展的刺激，不顧國際間的強大壓力，宣布開始研發「火神二號」中程飛彈，射程兩千五百公里，能載重一千公斤的彈頭，可涵蓋巴基斯坦全境和中國大陸南部地帶[20]。印度在「火神二號」投資八億七千萬美元，預定二〇〇〇年前生產二十枚飛彈[21]。印度亦著手發展定名為「太陽」（Surya）的長程飛彈，射程涵蓋整個中國大陸。

一九九八年四月六日，巴基斯坦試射射程一千五百公里的「高銳」（Ghauri）飛彈[22]，可攜帶一枚七百公斤的核子彈頭，該飛彈是機動型飛彈。一般認為，它是根據北韓所製、射程一千公里的「蘆洞」（Nodong）飛彈研發而成。巴基斯坦部署「高銳」飛彈之後，可以瞄準印度境內的任何目標，包括首都新德里。印度國會於九天前方否決了對瓦巴依總理的不信任案，瓦巴依是人民黨的領袖，巴基斯坦的飛彈試驗顯然是警告印度政府不得改變南亞的戰略現狀。瓦巴依於三月國會改選

[19] 《中國時報》，民國 85 年 1 月 28 日，版 10。
[20] 《聯合報》，民國 86 年 8 月 1 日，版 10。
[21] 同上註，民國 87 年 6 月 4 日，版 11。
[22] Gauri 是一位十二世紀的阿富汗回教徒之名，征服印度北部地區，並於 1193 年占領德里。

時，曾承諾必要時會使用印度的核武。印、巴兩國未宣告是核武國家，但是瓦巴依之言引起國際人士對印、巴兩國核武競賽的憂慮。

　　巴基斯坦試射高銳飛彈後不久，又宣布將試射射程兩千公里的飛彈，並命名為「高茲納衛」（Ghaznavi）飛彈。高茲納（Ghazni）是第一位入侵印度西部的阿富汗領袖，於西元九九七年至一○二二年間曾入侵十八次。

　　巴基斯坦飛彈試射後，美國政府於十七日依照禁止飛彈擴散的法律，對巴基斯坦的首要武器研發機構（即 the Khan Research Laboratories）及北韓輸出飛彈的貿易公司（即 the North Korea Mining Development Corporation）加以制裁。

　　北韓轉移整個地對地飛彈或主要的系統給巴基斯坦，而美國總統確認該項轉移對巴基斯坦獲得飛彈有重大的協助，美國政府應實施制裁。被制裁的兩個機構不得參加美國政府的契約，在兩年內亦不得向美國輸出或輸入美國軍火名單上的任何項目。由於北韓是非市場經濟國家，美國法律規定，對北韓公司的制裁適用於北韓涉及飛彈裝備，或技術、電子、太空系統和軍機的所有活動[23]。

　　巴斯斯坦選在美國特使理查森所率領的高層代表團預定訪問南亞之前數日舉行飛彈測驗，似乎欲以既成的事實打消美國勸阻巴基斯坦發展飛彈的企圖。代表團於四月十四日及十五

---

[23] *Arms Control Today*, April 1998, p.22.

日與瓦巴依及其他印度官員會晤後，飛抵巴基斯坦，但是告知美國政府的制裁，要求巴基斯坦節制，不要從事「新的活動」。

在此之前，巴基斯坦已擁有射程一百公里的「半一」（Hatf 1）飛彈，射程三百公里的「半二」（Hatf 2）飛彈。兩者的載重量皆是五百公斤。該國的「半三」飛彈則是倣自中共的M-9飛彈，射程八百公里。中共將射程三百公里的M-11飛彈售給巴基斯坦。

印、巴兩國的飛彈部署，皆在對方飛彈的射程內，使得情勢的不穩定多了一個因素，印度並未因國際社會對其核試的制裁而放緩軍備的加強，兩國的飛彈競賽轉趨激烈。印度於一九九八年八月五日試射多目標地對空「天際」彈道飛彈，使其與巴基斯坦自該年五月以來，因核子試爆引發的南亞核子危機雪上加霜。「天際」彈道飛彈重六百五十公斤，能發射傳統彈頭，也能攜帶核子彈頭，載重量可達五十公斤，射程最遠達二十五公里。印度於一九九六年首次試射天際飛彈。這種導向飛彈能迫使所有入侵飛機從約二十公里之外，即需以樹頂的高度低飛，使其航程與炸彈裝載量都必須縮減[24]。

十二月二日，巴基斯坦原子能委員會飛彈計畫負責人穆巴拉曼表示，巴國科學家已完成「夏辛」（Shasheen）飛彈的建造。他稱此種飛彈為西亞現今最現代化的地對地飛彈，只等巴國一聲令下，即會正式進行試射。他指出，威力較印度「大地」飛彈強大三倍以上的「夏辛」，才是西亞「最現代」的飛

---

[24] 《聯合報》，民國87年8月5日，版11。

彈。印度的大地飛彈射程為二百五十公里，夏辛射程為七百五十公里；印度的大地飛彈是根據「液體燃料科技」製成，但夏辛使用固態燃料，因此較不易被偵測出來[25]。

　　一九九九年四月十一日，印度政府宣布成功地試射能攜帶核子彈頭的改良型「火神」中程彈道飛彈，這次試射距印度去年進行一連串核子試爆正好十一個月，並終止了該國已五年未試射這種爭議性飛彈的自制行為，這次試射是在不顧美國勸阻的情形下進行。美國曾呼籲印度凍結其核子計畫，以便與宿敵巴基斯坦修好。美國和英國官員對印度這次試射飛彈一事感到「遺憾」，並要求印度自制[26]。

　　「火神」飛彈和「大地」飛彈預料將成為印度核子武器投射系統的骨幹。原來的火神一型飛彈可攜帶一枚爆炸威力相當於百萬噸黃色炸藥的核子彈頭，其射程達一千五百公里，已足以涵蓋巴基斯坦和中國大陸的內陸目標。印度國防官員則說，火神二型飛彈的射程達兩千五百公里，它賦予了印度「戰略防衛能力」。火神飛彈是一種重返大氣層的飛彈，亦即它先進入同溫層後再下降襲擊目標。印度原擬在一九九九年三月第一週，從東部的巴拉素飛彈試射場試射火神二型飛彈，後來因不明原因而延期。曾有報導說發射計畫因遭到美國施壓而中止，但印度方面否認。印度上次試射火神飛彈是在一九九四年二月，最新這次試射顯示瓦巴依總理政府已批准第二階段發展

---

[25] 同上註，民國 87 年 12 月 3 日，版 14。
[26] 《中國時報》，民國 88 年 4 月 12 日，版 13。

計畫,印度曾表示其所擁有的導向飛彈將可在西元二〇〇〇年之前完成作戰準備。印度官員否認十一日的試射時機,旨在為瓦巴依正面臨倒閣危機的聯合政府爭取支持[27]。儘管面臨西方國家的壓力,由印度民族主義派領導的聯合政府表明,將繼續推動飛彈計畫[28]。

四月十四日,巴基斯坦試射一枚可攜帶核子彈頭的「高銳二型」飛彈,這種最新型飛彈的射程達兩千三百公里,可深入印度的內陸地區,也是巴基斯坦射程最遠的飛彈。由於巴基斯坦的宿敵印度十一日成功試射火神二型飛彈,因此巴基斯坦的試射並不令人意外[29]。巴國總理夏立夫領導的政府立即面臨來自軍方首長的強大壓力,要求跟進,以彰顯巴基斯坦捍衛國家和強化國防安全的堅定決心[30]。

十五日,巴基斯坦又首度試射可以攜帶核子彈頭的「天鷹」短程彈道飛彈,顯然是想與印度互別苗頭。天鷹飛彈射程六百至七百五十公里,十三公尺長,重九公噸,以固態燃料推進,可承載一千公斤的傳統、核子或化武彈頭,射程涵蓋印度各大城市。巴國成功試射中程、短程導彈飛彈之舉,顯示巴國已有能力自製新型飛彈,朝和印度相抗衡的目標邁進。印度試射火神二型後,巴國無視國際施壓,執意和印度互別苗頭,招致國際一片譴責聲浪。美國國務院主管南亞事務的助理國務卿

---

[27] 同上註。
[28] 同上註。
[29] 同上註,民國88年4月15日,版13。
[30] 同上註。

印德福說，印度有責任遏阻飛彈武器競賽。中共也呼籲印、巴兩國放棄武器競賽，降低區域緊張。日本、加拿大亦提出同樣的強烈要求[31]。

　　然而，俄羅斯反而加強與印度的國際合作。印度和俄羅斯於十一月八日簽訂一項廣泛範圍的國防合作協議，為兩國合作生產戰鬥機及出售航空母艦給印度鋪路。俄羅斯副總理克雷巴諾夫在簽訂協議後的記者會說：「這項協議包括航空、飛彈、海軍等各個領域的合作。」據克雷巴諾夫說，協議的內容包括：(1)印度將向俄羅斯購買一艘老舊航空母艦；(2)二〇〇〇年開始合作生產蘇愷卅型戰鬥機；(3)俄羅斯將出租及最終出售早期預警機及轟炸機給印度。雙方也討論授權生產K級潛水艇及徹底檢修印度現有的潛水艇。克雷巴諾夫說：「我們也討論飛彈技術和海軍飛彈技術的合作。」[32]

　　十一月六日，印度國防部長拉瓦特說，印度很快將會試射一枚長程彈道飛彈，這是印度官方首次承認這種飛彈的存在。印度報紙報導，拉瓦特告訴記者說，這枚名為「太陽」的彈道飛彈很快會進行飛行試射。他說：「它將有長達五千公里（即三千一百英哩）的射程。」

　　巴基斯坦試射新型飛彈後，印度認為多邊飛彈技術管制建制下，生產國家單方面節制及限制輸出的宣言顯然未收到效果，致使巴基斯坦得以繼續發展飛彈。印度國防部長費南德斯

---

[31] 同上註，民國88年4月16日，版13。
[32] 《中華日報》，民國88年11月7日，版9。

指責中共違背對美國的承諾,而協助巴基斯坦發展飛彈。印度
只顧批評中共協助巴基斯坦發展飛彈,卻不提自己獲取莫斯科
協助發展飛彈的承諾。

第七章
柯林頓的南亞之行

　　柯林頓原本計畫於一九九八年訪問南亞，不料該年五月，印、巴兩國不顧美國反對，公開進行核武試爆。柯林頓依照美國法律規定，宣布對兩國實施懲罰性的制裁。在此情形下，訪問計畫不得不修改。最後延至二〇〇〇年春天，柯林頓方克成行。訪問時期決定後，柯林頓政府內部曾因巴基斯坦政變而對應否訪問巴基斯坦出現意見分歧。

一、巴基斯坦的政變

　　一九九九年十月十二日，巴基斯坦發生軍事政變，巴基斯坦參謀總長穆沙拉夫推翻了總理夏立夫的政權。與一九五八年、一九六九年和一九七七年的政變不同的是，他並未宣布戒嚴，因而並未立即凍結憲法、解散國會。然而兩天後，他宣告國家進入緊急狀態，凍結憲法，解散國會，並自封為最高行政首長[1]。

　　巴基斯坦自一九四七年建國後，政局動盪不安，使得軍方成為國家的重要決策者。一九五八年阿育布將軍發動政變，宣布戒嚴，軍事統治巴國四年之久，一九六二年方制定憲法，取消戒嚴，拉攏一些政客，使其政權合法化。一九六九年三月雅雅將軍發動政變，但是因一九七一年對印度戰爭失敗，東巴基斯坦獨立，乃將政權交給文人領袖。惟至一九七七年，齊亞（Zia ul-Hag）將軍又發動政變，宣布戒嚴，統治巴國，直到

---

[1] *South Morning China Post*, October 16, 1999, p.14.

一九八五年方將政權交給精心安排的文人政府,他本人幕後操控政府。一九七二年的憲法使得總統具有實權,而總理權力大降。齊亞的親信出任總統,他本人仍擔任陸軍總司令,直到一九八八年空難死亡為止。

齊亞之死導致一九八八年十二月大選及文人政府。總統、總理與陸軍總司令成為巴國最高決策的三巨頭,而軍方仍是影響政權最重要的力量。布托的女兒碧娜芝兩度(一九八八年至一九九〇年和一九九三年至一九九六年)出任總理,夏立夫亦於一九九〇年及一九九六年兩度出任總理。

然而,文人政府治績不良,又貪污弄權。尤其是夏立夫於第一位總統任內,即與總統和最高法院院長進行激烈的鬥爭,導致政局動盪不安。他於一九九六年大選中,在國會獲得三分之二多數席次後,更大肆擴權,甚至企圖掌控軍方,終於引發政變。

由民主政治角度觀之,軍方理應接受文人政府之指揮。然而,巴國的民主政治從未真正實現過。夏立夫的內政外交又引起軍方對國家安全之焦慮,而夏立夫的擴權更直接衝擊軍方的利益,致激起軍方的政變。

綜合而言,此次政變的背景因素有三:

第一,個人權力的鬥爭。巴基斯坦總理夏立夫上台後,積極進行擴張個人權力與清除異己的活動,包括削弱總統權力,迫使萊加利總統去職,解除前任陸軍總司令卡拉邁特上將的職務。十月十二日,夏立夫乘穆沙拉夫上將出訪斯里蘭卡之

際，宣布解除其參謀總長兼陸軍總司令之職，同時任命其支持者三軍情報局長齊亞‧烏丁中將為陸軍總司令。穆沙拉夫不甘被免職，立即返國，推翻夏立夫政府[2]。

第二，夏立夫與穆沙拉夫對喀什米爾軍事衝突政策不和。穆沙拉夫策劃並支持回教好戰分子為主的游擊隊，攻占印度控制的喀什米爾卡吉爾山頭，且決心占據不放。但是夏立夫在美國柯林頓總統的壓力下，同意命令游擊隊自卡吉爾撤退。惟夏立夫事先未得巴國軍方的同意，惹惱軍方。軍方視夏立夫之決定是叛徒行為，亦是巴國的可恥屈辱。夏立夫主張與印度和解，而巴國軍方仍視印度控制的喀什米爾區為巴國領土，無意與印度和解。

第三，巴國經濟困窘，人民對夏立夫政府不滿。夏立夫一九九六年競選的口號是振興經濟，但是執政後只知擴權和鎮壓異己，對巴國經濟困境之改善，毫無建樹，致巴國外債高達三百二十億美元。全國生產毛額的百分之七十皆花在償還債務和國防上。巴國經濟已瀕臨破產邊緣，民怨日深。

政變顯示三項意義：第一，巴基斯坦軍方仍是該國政治上最主要的力量。夏立夫領導的政黨雖然在國會擁有三分之二的多數，仍然無法鬥勝軍方。巴國軍方曾進行四次政變，建國五十二年中有二十五年是由軍方統治。

第二，巴國仍是落後國家。巴國不僅經濟發展落後，政治上尤然。巴國政治上仍呈現部落色彩，由若干大家族人士主

---

[2] 《中國時報》，民國 88 年 10 月 14 日，版 12。

控。執政者權力在握後，多厚待家鄉人士，盡力擴權或多方貪污。在此落後情形下，軍人執政有時比文人執政好。此次軍事政變，人民多表支持，並非無因。

第三，美國對巴國軍方沒有影響力。巴國軍方可能政變，早有傳聞，夏立夫為此亦曾派使至美國。美國官方曾警告巴國軍方不得從事違憲行為，然而沒有效果。一九九〇年以來，美國政府在普萊斯勒修正案下中止對巴國的軍事援助，與巴國軍方的關係疏遠。

美國刻意淡化政變，但要求巴國軍方早日回歸憲政制度。美國官方最初提到「政變」，其後避提政變兩字，十五日方稱巴國政變。柯林頓、歐布萊特等人皆表示，巴國軍方的行為已造成一項新的不確定情勢，希望巴國早日重回憲政制度，使美、巴兩國可以繼續開展關係，從而暗示接受巴國新政府。

美國宣布對巴基斯坦實施極有限的制裁，並敦促巴基斯坦軍方領導人恢復民主政治，但未要求他們讓被黜的夏立夫總理復職，顯示美國可以接受巴基斯坦出現不是夏立夫主政的文人政府。白宮首次稱巴基斯坦軍方十二日接管政權為政變，並表示宣布的制裁措施是情勢使然。白宮發言人洛克哈特說：「柯林頓總統指示其外交、法律小組啟動這項制裁措施，因為巴基斯坦的情況顯然是軍方對民選政府發動政變。」

國務院官員指出，美國這次對巴國實施的制裁金額相當小，約兩百五十萬美元，美國援助巴國的掃毒援款兩百五十萬美元不受影響。這項制裁是美國在巴國和印度去年五月相繼進

行核試後宣布實施的制裁之外，對巴國的新制裁行動[3]。

按西方的價值標準，以違反憲法的手段推翻合法的執政者應加以譴責。國際不應該對這樣的執政者予以支持，當然不可以在經濟上予以援助，而以前的援助計畫也應該停頓。

但是巴基斯坦卻又有特殊情況，人民似乎很支持這次政變，制裁軍方似也制裁了人民。其次，南亞是個潛在的火藥庫，印巴衝突隨時可能釀成大戰，而巴基斯坦現在擁有核子彈及中程飛彈，如果這個國家混亂，則任何危險事都可能發生，而斷絕對巴國的援助，很可能使這個國家陷入混亂。

在這兩難之中，西方最希望的是巴國軍方及早依憲法產生一個合法新政府，那麼就既往不咎了。但是合法政府一定是選舉產生，而碧娜芝及夏立夫領導的兩屆合法政府都把國家治理得貪污腐敗，夏立夫甚至搞起了民主外衣的獨裁，成立一個反貪污署，卻利用它來懲治反對者，弄得天怒人怨。那麼再度選出的政府是否能有改進？如果不能，是不是軍方又要執政呢？而軍方執政又如何呢？齊亞將軍執政時搞得一塌糊塗便可供參考。

西方對東方所要求的是「民主化」，但民主化在東方所釀成的貪污與無效率，卻又是人民所最痛恨的事，西方對此開不出治療藥方。

---

[3] 《聯合報》，民國 88 年 10 月 17 日，版 11。

二、柯林頓訪問南亞的目的

　　二○○○年三月十八日，美國總統柯林頓啟程出訪南亞的孟加拉、印度和巴基斯坦。說是訪問三個國家，其實柯林頓只分別在孟加拉和巴基斯坦短暫逗留數小時，而在印度則要進行五天的正式訪問，可見對印度的重視。柯林頓出任總統後從未到訪印度，而在總統任期剩下不到十個月時出訪印度，雖然不會有驚人的成果，但其意圖也是顯而易見的。

　　冷戰結束後，美國繼續保持自身核武優勢，同時千方百計防止核武擴散。印度於一九九八年五月相繼進行了五次核試驗，雖然美國及國際社會並不承認它是核武國家，但是印度已經成為事實上的核武國家，這也是不容否認的。更令美國擔憂的是，與印度長期敵對的巴基斯坦在印度核試後也以牙還牙，進行了六次核試。印、巴兩國在南亞展開了一場真正的核武競賽和導彈競賽。柯林頓的南亞之行，主要目的就是防止核武擴散和核武競賽的進一步發展，外界至今仍無從得知印、巴兩國究竟擁有多少核彈頭。專家估計，印度核彈頭約兩百到兩百五十枚，巴基斯坦約為一百五十枚。

　　除了核武競賽，印、巴兩國爭相積極開發可以攜帶核子彈頭的中程及長程飛彈，導致雙方的軍備競賽更加險惡。印、巴兩國多次聲稱不打算繼續進行核子試爆，不過卻經常進行飛彈試射。印度已經試射射程兩千五百公里，可以射抵巴國全境

的火神二型飛彈,據傳還準備試射射程長達三千五百公里,可抵達北京的火神三型飛彈。

柯林頓要說服印、巴兩國簽署全面禁止核試條約。然而,連美國自己至今都沒有批准該條約,柯林頓的遊說自然難有效果。柯林頓亦意圖促使印度簽署「核不擴散條約」。自一九九八年印、巴兩國核爆後,美國已與印度舉行過數十回合的談判,但是沒有實質進展。印度堅持有權擁有最起碼核武嚇阻力量,因而拒絕簽署該條約。

進一步加強與印度的經貿關係,也是柯林頓訪印的重要內容。一九九〇年代經濟自由化改革的成功,使印度近年來的經濟成長率,達到年平均 6.5%的高水準。尤其是印度國土廣袤,加以擁有超過十億的人口,其超過三億人規模的中產階級人民的購買力,使印度在平均購買力上,成為全球第四大經濟體,令國際社會刮目相看。

尤其值得重視的是,與中共主要仰賴勞力密集型出口成長策略的經濟成長模式相對,印度擁有技術密集的實力,尤其在資訊技術部門,力量更急速成長。目前,加州矽谷 30% 到 50%的新興企業中,主要由印度裔的高科技人才所主導。在全球軟體產業中,印度裔的工程師占科技人才總數的 30%。換言之,印度與台灣同列,成為支撐美國高科技產業能夠帶動全球新經濟革命的最主要國家。因此,估計今後數年內,美國企業對印度的投資總額,將超過兩千五百億美元,其中至少有一千億美元屬於資訊科技產業。

　　印度政府推行歡迎外國投資和轉向自由市場經濟的新政策，吸引了世界各地的投資者。雖然美國已經是印度最大的貿易夥伴和重要的外來投資國，但是印度占美國出口總額和對外投資總額尚不足 1%，顯示印度對美國而言仍是一個潛在的巨大市場和投資場所。但長期以來美印關係起伏不定，影響了兩國經貿關係的穩定發展。柯林頓的目的之一是拓展兩國的經貿關係，為美國商人和投資者大量進軍這個僅次於中國的潛在大市場──印度鳴鑼開道。

　　柯林頓訪印的另項目的是進一步加強雙方的防務合作，逐步將印度納入美國全球戰略的框架，使印度在南亞及印度洋地區發揮更大的安全作用。這顯然是想削弱俄羅斯在印度的傳統影響力，同時利用與中國尚有邊界糾紛和安全利益衝突的印度來牽制中國。早在一九九八年五月核試爆時，印度政府即向美、日等國政府明言，其發展核武戰力的主要顧慮是防禦中共。近兩年來，隨著中共與俄羅斯軍事合作的擴大，中共攻擊美國之武力的提升，以及北京日益表現出的反美姿態，促使美國不得不在修正其中國政策的同時，儘快調整其與印度的合作關係。中共如果成為擴張主義的國家，印度將成為美國在亞洲牽制中共的幫手。

　　美國的第四個目標是想斡旋印、巴兩國喀什米爾衝突，喀什米爾問題幾十年來一直是世界熱點之一。巴國希望美國調解，對美國來說當然也想在該問題上發揮更大的作用，無奈印度以反對第三者插手為由，堅決反對美國介入。鑒於印度此一

態度，柯林頓表示此次訪問不是來充當印、巴兩國的調解人，
但又聲稱美國願意參予喀什米爾問題的解決。印度很早就放話
不歡迎斡旋，這道理很簡單，如果真的要攤開來談，印度是理
虧的。因為它違反聯合國安理會的決議，不肯在喀什米爾舉辦
公民投票；其次，在宗教問題上，印度不肯對伊斯蘭讓步，而
這些卻又是聯合國有關自決的精神。美國如果摒棄這些大道
理，便難以解決喀什米爾問題。

三、印度之行的成果

柯林頓的印度之行，顯然只在雙邊經貿關係上獲得較佳
的效果。美國總統柯林頓與印度總理瓦巴依於三月二十一日簽
署一項名為「邁向二十一世紀的印美關係未來願景說明」的條
約，旨在為兩大民主政體在新世紀建立更密切的關係。

根據該約，印、美雙方將在兩國首都舉行「定期雙邊高
峰會」，並在外長層級舉行廣泛的「年度外交政策對話」，及
就安全與禁止核子擴散問題持續進行會談。兩國並同意設立一
個協調小組，以研擬共同經濟議程，就金融與投資問題舉辦高
層級論壇，及推動部長與雙邊商貿對話。雙方並擬成立「印美
科技論壇」，以推動高科技產業方面的共同研發與技術轉移事
宜。印度已開始撤除對數百項美國產品實施了數十年的貿易壁
壘，並削減從行動電話到電腦等高科技產品的進口關稅。而在
一項根據世界貿易組織規定所達成的協議中，印度亦對於價值

逾四千萬美金的美國農產品開放市場。陪同美國總統柯林頓訪問印度的官員及工商界人士，二十四日與印度方面在孟買簽署了總額達三十億美元的十四項信貸與投資協議，加上雙方二十三日在新德里簽署的二十億美元的十多項投資與貿易合同，美、印兩國簽署的協議總額高達五十億美元。美國進出口銀行則宣布對高達十億美元貸款提供擔保，以此作為促使印度中小企業購買美國產品的誘因。

　　柯林頓並邀請瓦巴依在該年稍後訪問華府，而瓦巴依亦欣然接受。但是柯林頓防阻核武擴散的目的顯然難以達成，瓦巴依在一項聲明中說，他告訴柯林頓，新德里必須維持「最低限度的核武嚇阻力量」，但不會再進行核子試爆，也不會從事軍事競賽。柯林頓事先亦知不易勸使印度放棄核武，雖然企求印度放棄核武的發展，但是亦表示尊重印度的主權，不會告知印度應作何決定，而只要求印度繼續與美國就該等問題保持對話[4]。

　　儘管柯林頓在訪印期間的連壓帶勸，印度仍以種種理由拒絕簽署「核不擴散條約」及「全面禁試條約」，反而要求美國取消前年五月印度試爆後，美國對其所實施的制裁。柯林頓未予同意。其實，勸說印、巴兩國簽署該條約是一件令柯林頓尷尬的事，因為美國自己因參議院去年否決批准該條約。在此情形下，柯林頓的說服力自然大打折扣。

[4] *Taiwan News*, March 24, 2000, p.7.

　　兩人則對印度與巴基斯坦之間存有領土爭執的喀什米爾地區又傳出流血事件表示憤怒。警方指出，四十名錫克教徒於二十日晚上在喀什米爾印度控制的一個村莊，遭到十名身分不明的武裝分子從家中拖到街上槍斃，死者均為男性。這是喀什米爾出現爭取獨立的叛亂活動達十年來，首次發生這種屠殺事件。

　　巴基斯坦外長沙塔強烈譴責這次錫克教徒遭到屠殺的事件，並要求印度方面徹底調查，他對印度可能拿此一事件作宣傳表示擔心。印度一向宣稱是國際恐怖主義在喀什米爾活動的受害者，華府應協助遏止此一威脅。柯林頓說，他於二十五日轉往巴基斯坦進行短暫訪問時，將會討論恐怖主義的問題。他表示，巴國政府中有些人士涉及喀什米爾的叛亂，而越過控制線的攻擊是錯誤的行為[5]。

　　美國總統柯林頓訪印的重要行程之一，是二十二日向印度國會參眾兩院聯席會議發表演講，他呼籲印度停止核子武器的研發計畫，和宿敵巴基斯坦恢復和平談判，並保證華府無意介入印、巴兩國的喀什米爾領土爭執。柯林頓說：「在核子對峙中，沒有任何事比誤認危險根本不存在更危險。」他說，前蘇聯和美國雖然相隔遙遠，而且雙方精心研擬了防範措施，但是仍瀕臨核子戰爭邊緣。

　　他指出，只有印度和巴基斯坦能夠徹底解決橫亙在彼此間的問題。只有印度人自己最清楚，現在是否比核試之前更感

5　《中國時報》，民國 89 年 3 月 22 日，版 13；*IHT*, March 28, 2000, p.5.

到安全；同時。也只有印度人自己可以決定是不是要以擴張核子彈、飛彈，同時引發巴基斯坦作出回應的方式，來提升自己的安全。他期望，印度能做出正確的決定，在終止世人核子夢魘上成為不朽的典範[6]。

柯林頓也以軟性的訴求指出：「想想那些無辜的平民，他們才是真正的受害最深的一群，因此，這時必須有人出面終止競賽，並撫平傷痛。」他並表示，在稍後訪問巴基斯坦時，也會向他們表達相同的訴求。他在演說中刻意表達友善的立場，指出美、印兩國在冷戰時期雖然關係欠佳，但是冷戰後雙方是「天然的盟友」（natural allies）[7]。

柯林頓亦對印度表達同情，而對巴國有所批評。他表明與印度一樣，關切巴國所採取的行為，對印度過去釋放的善意未獲回報而感失望，並且對最近發生的暴行深感憤恨。柯林頓亦較過去更明確地指摘巴基斯坦。他在接受 ABC News 訪問中，明言巴國政府有些人應為最近喀什米爾三十五名錫克教徒之死與印巴邊界的衝突事件負責。他表示，一個民主國家與拒絕採取民主的國家為鄰，處境必然不易。此為柯林頓所發表最強烈的言論。

---

[6] 《中央日報》，民國 89 年 3 月 23 日，版 11。
[7] *Taiwan News*, March 23, 2000, p.4.

四、訪問巴國之考量與結果

美國總統柯林頓二十五日結束印度之行，轉往巴基斯坦進行短暫的訪問，停留時間只有短短的五個小時。柯林頓呼籲巴國軍事政府儘快恢復民主文人統治、解決與印度在喀什米爾的領土爭端，以及停止發展核武[8]。

柯林頓是自一九六九年的前總統尼克森之後，第一位訪問巴基斯坦的美國總統，他從印度孟買搭機飛行三小時後抵達巴國首都伊斯蘭馬巴德。

就在柯林頓來訪前夕，穆沙拉夫二十三日宣布明年恢復地方選舉，為未來恢復全國性大選鋪路。對此，白宮發言人洛克哈特雖表示歡迎，但是強調這仍不符合美國的期望。

美國總統柯林頓訪問印度好幾天，但是在巴基斯坦卻只稍作停留，形式上差距頗大。但就美國外交政策來說已經是很難得了，因為美國政府內部對於應否訪問巴基斯坦確實有許多不同的意見[9]。

國務院認為柯林頓不宜貿然前往，至少要巴基斯坦方面作出某些還政於民的表示之後，方可前往，否則就等同於贊同穆沙拉夫的軍事政變。但是，包括國防部在內的其他機構則認為應該前往，他們認為穆沙拉夫的政權得到巴國人民的擁護，

---

[8]　《自由時報》，民國 89 年 3 月 25 日，版 10。
[9]　《中國時報》，民國 89 年 3 月 25 日，版 13。

與一般違反民意的軍事政變不同，他可能會繼續掌權好幾年，美國無法不與他打交道，否則會使美國在喀什米爾的衝突中失去影響力。何況不去訪問，又能對穆沙拉夫產生什麼壓力而使其更重視人權？柯林頓如果過門不入的話，對美國的利益是有損的，因此不顧印度的反對，作了旋風式訪問的決定。

他決定訪問巴國最大的原因，是不能使印度以及國際間認為，美國已經摒棄巴基斯坦而傾向了印度。美國過去的政策是傾向巴基斯坦，但冷戰結束後巴基斯坦的利用價值大減，印度與俄羅斯的關係漸疏，因此美國將路線逐漸修正為中間立場，美國認為無論是解決兩國糾紛問題上，或是解決核武擴散問題上，美國只有維持中間立場方易解決，否則印、巴兩國的衝突更易發生。

美國不能忽視巴基斯坦，尚有下列考量：

(1)美國雖然因為蘇聯撤出阿富汗，而巴國又執意發展核武，致改變了與巴國的親密關係，但美國如輕易放棄這顆戰略棋子是絕對划不來的，因為美國與印度關係是否能走向友好關係尚難判定，捨棄巴國而討好印度，可能得不償失。

(2)巴基斯坦已成功發展了核彈，在飛彈方面也在努力突破，既然已躋身於核武國家之列，只有與其交往，謀求核不擴散，而不能孤立或疏遠它。

(3)巴基斯坦是伊斯蘭國家，雖然基本教義派未能取得政

權,但是蔓延的情形亦是十分嚴重,如果該派在巴國
勢力坐大,將會與阿富汗的恐怖主義掛鉤,不只影響
地區的安定,且對國際恐怖活動有鼓勵作用。

(4)巴國人民支持軍政府,美國反對軍政府的立場,對巴
國內部不可能造成任何反政府的情緒,反而可能因為
美國逐漸偏祖印度,而引起巴國人民的反美情緒[10]。

(5)美國不想孤立巴基斯坦,孤立固然是對巴國不民主的
警告,但卻亦使巴國陷於困境,如果巴國政治及經濟
因而紊亂,對中亞情勢會產生動盪不安,並不符合美
國利益。

(6)柯林頓也有當面向巴國執政者穆沙拉夫討論重要問
題的需要,其中包括儘快恢復文人體制的民主政治,
加強對恐怖分子的控制,以及限制核武及飛彈的發
展。這些問題當然已早由美國官員告知過巴國,但由
柯林頓當面提出,分量不一樣。

(7)促使印、巴兩國恢復和談亦是重要之事,雖然印度總
理瓦巴依拒絕國際斡旋,但柯林頓如果能促使穆沙拉
夫作出讓步,印方也許能改變態度。

　　美國總統柯林頓訪問巴基斯坦時,與軍事政權領袖參謀
總長穆沙拉夫進行一小時又四十分鐘的會談。兩人「嚴肅、坦
白且非常直接」的討論。在會談中,柯林頓要求穆沙拉夫提出
恢復民主時間表,並警告巴國發展核武是虛擲國家財富。柯林

---

[10] 同上註。

頓也要求巴國與印度就喀什米爾爭議恢復談判,並要求穆沙拉夫發揮影響力,協助美國把中東恐怖分子賓拉登繩之以法。另外,柯林頓也要求讓巴國前總理夏立夫免於死刑[11]。

　　不過在回歸民主、解決喀什米爾衝突及停止發展核武三大問題上,柯林頓都沒有得到任何承諾。除了使「彼此的觀點與立場更加明確」外,並沒有取得實質性的進展。柯林頓稍後透過廣播與電視,向巴國人民發表十五分鐘的演說,呼籲巴國人民支持簽署全面禁止核試條約,也強調喀什米爾問題不能用軍事手段解決。柯林頓在巴國國家電視台所作的電視講話中,闡明了美國對包括喀什米爾爭端在內的許多問題的立場。柯林頓聲明,美國不能解決、也無法調解喀什米爾問題,這個問題只有通過印、巴兩國談判才能得到解決。他在談話中敦促巴基斯坦當局恢復民主政體。他表示,如果巴基斯坦在恢復民主制度和降低喀什米爾衝突上沒有作為,巴國將面臨進一步被「孤立」的危險。在發展核武問題上,柯林頓表示,巴基斯坦的核武計畫只不過在浪費精力、能源與財富,它使巴基斯坦人民更加貧窮,也更使巴國不安[12]。

　　對柯林頓講話提到的問題,穆沙拉夫在柯林頓訪問結束後強調,喀什米爾問題是印巴衝突的核心,印、巴兩國雙方都必須在該問題上拿出誠意。巴基斯坦願意與印度在任何時間、任何地點進行任何層級的對話,但他同時表示,目前尚沒有任

---

[11]　《自由時報》,民國 89 年 3 月 26 日,版 10。
[12]　*IHT*, March 27, 2000, p.4.

何可行的方案。

對於柯林頓的多項要求，穆沙拉夫仍然堅持立場，毫無退讓。在核武問題上，他只承諾巴國不輸出大規模毀滅性武器，但對簽署全面禁止核試條約不予置評。在談到限制核武擴散問題，穆沙拉夫稱，巴基斯坦不會向別國輸出核技術，但考慮所處的安全環境，巴基斯坦保留最低限度的核威嚇還是必要的。對於喀什米爾問題，穆沙拉夫亦未保證阻止回教游擊隊滲透進入印度。在逮捕賓拉登問題上，穆沙拉夫承諾若有必要，願親自前往阿富汗與神學士政府談判。穆沙拉夫對恢復文人統治，不置可否，但是承諾逐步恢復地方選舉。

五、孟加拉之行草草結束

美國總統柯林頓二十日飛抵達卡國際機場訪問孟加拉一天，成為自孟加拉一九七一年建國以來，第一位訪問這個南亞最貧窮國家的美國總統，為兩國關係開啟重要的里程碑。

柯林頓與陪同訪問的國務卿歐布萊特在達卡機場接受二十一響禮炮致敬。孟加拉總統亞邁德與總理哈希娜（Sheikh Hasina）親往迎接。不過由於流亡恐怖分子賓拉登有關的恐怖威脅，白宮臨時取消柯林頓搭機前往距首都三十二公里的喬伊普拉村訪問的計畫，隨後又取消前往孟加拉獨立戰爭碑獻花的計畫。柯林頓與哈希娜總理舉行會談後，原本預定前往達卡以西四十公里薩爾瓦地區熱帶花園內大型紀念碑種植樹苗，但這

項活動也因安全顧慮而取消。

　　孟加拉官員希望柯林頓來訪有助於提升孟加拉的國際地位，進而吸引外國的投資與貿易。柯林頓並宣布美國對南亞的投資方案，包括分四年提供八千四百萬美元協助孟加拉、印度與尼泊爾三國推動潔淨能源計畫，提供孟加拉九千七百萬美元糧食援助，並以六百萬美元協助孟加拉推動雨林保育工作。

　　不過，孟加拉的左派及回教團體相信，柯林頓此行是為了向孟加拉政府施壓，以便讓美國企業取得有利可圖的石油及天然氣探勘合約。孟加拉雖是全球最貧窮的國家之一，但能源蘊藏量並不少[13]。孟加拉輸美的最大產品是紡織品，哈希娜希望美國能加速開放其紡織品的市場，但是未獲得柯林頓的承諾[14]。

---

[13]　《自由時報》，民國 89 年 3 月 21 日，版 10。
[14]　*IHT*, March 21, 2000, p.5.

第八章
結論與展望

　　自冷戰時期以來，美國一直將西歐、東北亞和波斯灣三個地區視為是美國重大（vital）利益地區。在美國的戰略天平上，南亞的地位無法與該三個地區相比。

　　美國在南亞各國中，一向重視印、巴兩國，而在兩國之中，又較重視印度。美國冷戰時期的南亞政策，大體上是基於圍堵蘇聯的考慮。美國認知印度是南亞大國，有意將印度納入反蘇的陣營。然而，印度採取中立不結盟政策，並且對美國的政策多所批評。美國轉而與巴基斯坦締結同盟，但是巴國是反印多過反蘇，是以美國牽制印度。美國無意反印，致巴國對美國相當失望，從而自一九七一年第三次印巴戰爭後轉而與中共和蘇聯改善關係，尤其與中共的關係，已成為巴國牽制印度的最主要的外力。美國因印度與蘇聯的關係密切友好，無法改善與印度的關係。

　　蘇聯入侵阿富汗後，美國重新加強與巴國的關係，共同援助阿富汗反抗軍，因而取消對巴國發展核武的制裁。美、巴關係的增強，使美、印關係相對的更趨冷淡。此一情勢自一九八七年印度新總理拉吉夫‧甘地上台後方開始逐漸轉變。

　　一九八九年蘇軍撤出阿富汗，其後美國再度對巴國實施制裁，冷戰終結，巴國對美國的戰略價值大降。美國又因巴國不願停止發展核武，因而切斷對巴國的軍經援助。但是布希仍求化解印、巴兩國因喀什米爾之爭而常出現的緊張關係，以免印、巴兩國之間再發生戰爭。布希政府雖然力求防阻印、巴兩國發展核、生、化武器和飛彈，但是效果不彰。

　　冷戰終結，印蘇關係不再是阻礙美印關係改善的因素。同時，巴基斯坦圍堵蘇聯的戰略價值亦告消失，使得美國可以對印、巴兩國在正常的基礎上發展關係。惟柯林頓政府最初並未重視南亞，與印、巴兩國關係亦不融洽。其後認知在包括毒品、核武等問題上，仍需與它們合作，而印度又已成為新興的一大市場，因此，於一九九四年四月擬訂對南亞的新政策，對印、巴兩國雙方採取不偏不倚的立場，依照兩國本身具有的價值，同時改善與它們的關係。美國恢復與巴國的安全對話論壇，廢除「普萊斯勒修正案」並建立商業同盟，積極拓展投資及貿易。美國與印度簽訂安全協定，設立安全合作的定期高層對話機制，建立商業同盟，拓展經貿關係。惟柯林頓政府不忘積極防阻南亞大規模毀滅性武器的擴散。一九九五年，美國施加壓力，有效勸阻印度可能舉行的核武試爆。

　　由上述情形可知，美國在冷戰後調整南亞政策，改善與印度的關係，國際體系的變化是一項重要的因素。冷戰終結，蘇聯瓦解，美國圍堵蘇聯的政策隨之而終。繼承蘇聯的俄國忙於內政的改革，無力與美國競爭勢力。以往美國因印度傾向蘇聯而難以與印度修好的因素消失。

　　美國改善與印度關係的另一因素，是經貿因素。印度於一九九一年改採自由市場經濟政策後，需要美國的資金與科技；美國亦重視印度市場的巨大潛力。美國對印度的雙邊貿易額已由一九九三年的七十一億美元，增加到二○○○年的一百四十多億美元。商業利益的考量，亦促使美國放鬆對印、巴兩

國核試的制裁。

中共因素可能亦是美印關係加強的重要因素。中共的崛起將有挑戰美國在亞洲霸權的可能。美國尚未對中共發起圍堵，但是戰略上已積極「塑造」有利美國的環境[1]。小布希對中共的威脅認知，充分反應於美國國防部淨評估室主任馬紹爾所領導的小組報告中。題為「二○二五年亞洲」的報告指出：一個安定而強大的中國將會不斷威脅亞洲的現狀。一個不穩而相對微弱的中國可能是危險的，因為它的領袖也許會試圖以對外軍事冒進，來鞏固他們的權力。中共崛起成為美國利益的最大區域威脅，華府若要在亞太地區繼續扮演主要角色，就必須在南亞和東南亞建立前進作戰基地，印度具有崛起的戰略潛能，以及美國必須防止中共與印度結盟。報告中說，美國採取更積極的外交和軍事努力加強與印度的關係，是防止中共和印度結盟的必要條件，與南韓、澳洲、泰國、菲律賓和日本加強雙邊聯盟，將可限制中共在南中國海和西太平洋發揮力量[2]。

印度曾與中共因領土糾紛而發生戰爭，迄今仍視中共為其安全上的威脅。換言之，美印雙方皆有聯手牽制中共的戰略利益。小布希上台後，不顧中共和俄國的反對，決定部署全國飛彈防衛體系。印度是少數公開支持此項決定的國家之一，反映雙方的共同戰略利益。

美國政府與國會於二○○一年八月已決定自九月起，合

---

[1] 周煦，《冷戰後美國的東亞政策》（台北：揚智，89年），第三章。
[2] 《中國時報》，民國90年5月13日，版11。

作解除對印度的制裁，為雙方策劃更大格局的戰略、聯合執行任務及分享武器、科技而鋪路，從而加速雙方在各個軍事領域的合作，諸如聯合演習、軍官交流、打擊海盜行動的協調聯繫，及保護經過印度洋重要航道的海運。

　　九一一恐怖事件更進一步促成美印兩國的合作關係。九月十一日，賓拉登（Osama bin Laden）主使其手下，在美國以劫持的民航機為武器，摧毀紐約世貿大樓和華府五角大廈的部分建築，造成五千多人的死亡。美國政府推動全球反恐怖聯盟，印度是最早響應的國家之一。美國於二十三日解除一九九八年對印、巴兩國核試所實施的制裁。十月七日，美國對庇護賓拉登的阿富汗塔里班（Taleban）政權發動軍事攻擊。印度亦提供美國軍事行動所需的支援。巴基斯坦政府在美國壓力下，不顧國內人民的強烈反對，支持美國對阿富汗的戰爭，並同意提供兩處軍事基地給美國軍機。美國國務卿鮑爾（Colin Powell）為了鞏固反恐怖聯盟，於十月十六日至十七日閃電式訪問巴、印兩國。鮑爾稱印度為美國的「天然盟友」（natural allies），並與印度內政部長亞凡尼簽署一項旨在擴大雙邊執法和反恐怖主義合作的協定，並落實執行雙方一九九九年七月簽署的引渡條約[3]。

　　美國國會亦於鮑爾訪巴前夕通過法案，中止實施一九九九年巴基斯坦軍事政變後美國的制裁措施，為期兩年，以示酬

---

[3] 《中央日報》，民國 90 年 10 月 18 日，版 8。

謝巴國支持美國打擊恐怖主義。

雙方軍事合作已進一步開展。二〇〇一年六月，美、印兩國舉行了聯合演習（但只是紙上作業，沒有實兵參演），並且預定舉行海上搜救演習。七月，美國參謀首長聯席會議主席薛爾頓曾訪問印度，是自一九九八年以來訪印的最高階美國軍官。他訪印時告知印度政府，美國決定恢復三年前遭凍結的「國防政策論壇」。

十一月初，美國國防部長倫斯裴訪問南亞，十一月底，美國太平洋總部司令布萊爾（Dennie C. Blair）訪問印度。十二月上旬，美國國防部次長費斯（Douglas Feith）訪問印度，參加兩國的「國防政策論壇」。正如布萊爾所說，美、印兩國的軍事和安全合作，已達到前所未有的程度。

小布希政府在九一一事件之前，即顯示加強與印度關係的意願。印度外交兼國防部長辛格四月間的訪美，原本未排定與小布希會晤，但小布希臨時接見辛格四十五分鐘，討論了飛彈防禦等問題。柯林頓政府積極施壓印度，要印度簽署全面禁止核試條約。但小布希對該約存疑，因此，其政府已不再視印度為阻止該約生效的國家，從而消除了雙方雙邊關係的一大爭議。

美國國內的利益團體對美國南亞政策亦有其不可忽視的影響。印度裔美國人在國內政治上的積極活動已受到美國國會的重視，並且已對美國的印度政策發生影響。印度與巴基斯坦相比，有較佳的民主政治紀錄，美國政府求擴大民主陣營，在

民主理念和制度上，較易認同印度。

　　美國對南亞有兩項持續不變的政策目標：即防阻印、巴兩國發展核武，和防阻兩國因喀什米爾之爭而發生戰爭，兩項政策皆告失敗。印度堅拒第三國介入喀什米爾問題，使得美國無法調解。印、巴兩國一九九八年先後進行核試，重挫美國的核不擴散政策。為了防阻全球核武的擴散，一九九五年美國促成無條件的無限期延長「核不擴散條約」，並且於次年透過聯合國，通過「全面禁止核試條約」，企圖以國際社會絕大多數國家加入該條約所形成的壓力，迫使印度加入，從而使得印度無法進行核試。

　　印度基於多重原因，不顧國際壓力，於一九九八年五月舉行核試。巴基斯坦亦因多重考量，不得不進行對抗性的核試。美國對印、巴兩國採取懲罰性的制裁，但是無法迫使兩國放棄核武。印、巴兩國雙方之間的核武和飛彈競賽越演越烈。美國不僅擔心印、巴兩國會因喀什米爾之爭而爆發核戰，亦擔心巴基斯坦的核武會成為「伊斯蘭核武」（Islamic bomb），從而影響到中東的安定。

　　美國在印、巴兩國核試後，力求先凍結兩國的核武發展，再進而促使兩國銷毀核武，加入「停止生產分裂性物質條約」的談判，規範核武技術和原料的流出，終止核武的發展。但是印、巴兩國不願放棄核武。美國防阻核武擴散政策的失敗，實因美國並未認真履行削減並銷毀自己的核武承諾。「核不擴散條約」第六條明文規定，核武國家承諾就全球核武的消除進行

談判。印度執意核試，原因之一是認為核武國家未履行此項承
諾。核武國家在一九九五年續延「核不擴散條約」的會議上，
以書面文件再度承諾全面消除核武，可是並未採取具體的行
動。美國為首的五個核武國一致反對印、巴兩國的核武，道德
上欠缺合理基礎。印、巴兩國既未簽署該約，其核試亦無違背
法律義務之處。

　　印度表明，如果核武國家不訂出裁減核武的明確時間
表，則印度不會簽署該約。印度明知核武國家無法為之而提出
該項條件，實是找一個拒絕簽署的理由。但是該條件並非毫無
道理，因為該約的正當性即是核武國家必須裁減，而非繼續保
有核武。

　　印、巴兩國核試後，美國雖然採取制裁，國際社會並未
全面而長期的與美國聯合制裁，以致效果有限。美國政府及國
會基於外交的運用、商業的考量，和國內政治的因素，對印、
巴兩國的制裁亦是虎頭蛇尾，自然無法促成兩國的回心轉意。

　　核武擴散基本上是一項政治問題。一國擁有製造核武的
技術、人力及原料，並不一定會發展核武。加拿大即是一個明
顯的例證。它與美國和英國共同研究原子彈，但是最後並未發
展核武。決定是否發展核武端視國家領導人的政治意志，因為
技術可以研發，或是由他國合法或非法取得。一國發展核武多
因安全上受到威脅，或因欲增加國際地位和聲望。印度核試的
原因，追求國際地位和聲望的動機大於安全上的動機。巴基斯
坦的核試基本上出於安全上的考量。

　　不論基於何種動機，印、巴兩國既已公開擁有核武，不會輕易接受美國等核武國家所提放棄核武的要求。美國在南亞的核不擴散政策已告失敗。美國除非接受印度的要求，訂出裁減核武的明確時間表，否則印度有拒絕放棄核武的正當理由。美國應接受兩國為核武國的現實，並將防範核武意外的技術與經驗傳授給印、巴兩國，以免兩國因意外事故而發生核戰。

　　然而，美國接受印、巴兩國為核武國家，亦有困難。首先，美國對遵守「核不擴散條約」的國家將難以交代。第二，該約第九條明文規定，該約所稱核武國家，乃指一九六七年一月一日以前，製造並試爆核武或核子裝置的國家。換言之，締結和加入該條約的一百八十五個國家同意，核武國家限於美、蘇（俄）、英、法、中五國，而排除了出現其他核武國家的可能。換言之，它們同意，一九六七年一月一日以後的任何核武擴散，都是與世界和平與安全利益相違背的。

　　第三，若印、巴兩國的核武地位受到正式承認，則核不擴散體制將變得毫無意義。如果可以有第六或第七個核武國家，為何不能有第八或第八十個國家？如果國際規範能遷就印、巴兩國，則還有什麼立場去反對其他國家取得核武。

　　第四，即使美國想要接受印、巴兩國為核武國家，也需要對「核不擴散條約」加以修正。修正該約，不易為之。美國必須召開締約國大會。大多數締約國，包括五個核武強權及至少三十五個國際原子能總署管理局的會員國，必須批准這項修正。再者，即使這些條件都達成了，這項修正仍需各國政府的

批准。除非所有一百八十五個締約國的政府都批准了這項修
正，否則條約本身的修改還是無效的。

　　印、巴兩國的核試雖然對核不擴散建制造成重大的衝
擊，但是並非顯示該建制已告失敗。兩國的核試只是確認兩國
早已擁有核武之事實，是該建制的例外情形。自一九六八年核
不擴散條約簽訂迄今，該約的效果已超出當初的期望。當時的
看法是七〇年代會有二十餘國擁有核武。然而，現今除了印、
巴兩國和以色列擁有核武外，只有伊朗、伊拉克、利比亞和北
韓試圖發展核武，但是伊拉克和北韓的核武發展在國際壓力
下，分別遭到摧毀和凍結。伊朗與利比亞的核武發展則尚無重
大進展[4]。

　　印、巴兩國的核試是否引起他國仿效，論者意見不一。
悲觀者認為會，樂觀者則認為不會。後者認為，只要印、巴兩
國有效控制其核武及原料，對其他國家（除了雙方及中共外）
並不構成安全上的威脅。其他國家亦無意以核武提升其國際聲
望[5]。比較令人擔心的是國際社會執行不擴散建制的意志可能
轉弱。但是轉弱的原因並非印、巴兩國的核試，而是阿拉伯國
家不滿以色列拒絕國際監督其核武，亦不同意銷毀之。該等國
家指責核武國和安理會譴責印、巴兩國核試，可是卻對以色列
的核武問題不問不聞，是採取雙重標準。

　　印、巴兩國的核武是否易引發核戰？對此有正反兩種理

---

[4] George Perkovich, "Nuclear Non-proliferation," *Foreign Policy,* 112 (Fall 1998): 12.

[5] *Ibid.,* 13.

論。謝林（Thomas Schelling）認為，核武國家，尤其是核武數量不多的國家，在危機期間，基於「對突襲的相互恐懼」（reciprocal fear of surprise attack），會面臨採取先發制人以摧毀對方核武的強大壓力。在危機中，任一方皆可能不想攻擊對方的核武，但是又擔心對方即將發動攻擊。此等恐懼產生一種「不動用核武及即失去核武」（use them or lose them）的心態，從而使得決策者無法抗拒「不先下手攻擊，即坐以待斃」的巨大壓力[6]。

彭岱（McGeroge Bundy）根據親身經驗，提出與謝林相反的看法。他提出「存在的嚇阻」（existential deterrence）說法：核武的破壞力太大，因此單是核武的存在，就會使決策者在危機時努力設法避免使用核武，而不是趕快使用之。他指出，冷戰時美蘇兩國擁有大量的核武，軍方也擬定了不少的應變計畫，但是美國總統最感興趣的不是這些計畫，而是確保不必實施該等計畫[7]。「存在的嚇阻」乃指兩國擁有核武後，雙方皆擔心彼此間的緊張情勢會升高為核武大戰，以致彼此皆謹慎小心，避免此種危險。

謝林是經濟學家，由博奕理論演繹出「對突襲相互恐懼」的邏輯。彭岱是甘迺迪和詹森兩位總統的國安會顧問，由美蘇冷戰時的歷史經驗立論。一九六二年古巴飛彈危機、一九六九

---

[6] Thomas Schelling, *The Strategy of Conflict*(New York: Oxford University Press, 1963): 207-29.

[7] McGeroge Bundy, "To Cap the Volcano," *Foreign Affairs*, 48:1(October 1969): 1-20.

年珍寶島事件、一九七三年以阿戰爭,皆顯示決策者在危機中是自我節制不動用核武,而非發動核武突襲。換言之,彭岱之說較謝林的理論更接近事實,因而更具有說服力。

然而,冷戰時期美蘇兩國在核武上的自我節制的行為模式能否適用於南亞,不無疑問。此因美蘇之間和印、巴兩國之間有一些顯著的差別。例如美蘇兩國相距遙遠,而印、巴兩國領土相連;美蘇雙方雖有意識型態之爭,但是雙方對抗的關係並非是在刻意煽動的環境下發展,而印、巴兩國之間的分歧涉及宗教、種族和領土的複雜性因素,曾打了三次仗,迄今還有懸而未決的喀什米爾問題,經常在民族主義情緒渲染下引發緊張關係;美蘇兩國在擁有投射核武的飛彈前,早已發展精密的指管通情體系,而印、巴兩國是飛彈與核武同時發展,但是迄今充其量只有粗陋的指管通情系統;美蘇雙方因為相隔較遠,飛彈發射後,需二十到三十分鐘方可抵達對方,致有較多的妥善因應時間,而印、巴兩國的飛彈只需五至十分鐘即抵達對方,以致雙方必須在極短時間內迅速應變,從而增加誤判或意外核戰的可能。

美蘇兩國的核武部署與印、巴兩國相比,具有大量提高穩定能力的設施。美蘇兩國不僅擁有精密的指管通情體系,更有足以摧毀對方的第二手反擊能力,從而形成相互保證毀滅,使得任一方皆不敢向對方發動突襲。印、巴兩國雙方欠缺此種相互保證毀滅的能力,加以任一方的飛彈能在極短時間內擊中對方目標,因而增加謝林所說「對突襲的相互恐懼」。一九九

九年印、巴兩國在卡吉爾的激烈衝突中，皆自我克制而未動用核武，可能尚不足以否定謝林之說，因為該次衝突並未升高到兩國之間的全面戰爭。一旦全面戰爭發生，巴基斯坦無法以傳統武力對抗時，使用核武的可能性會大增。

基於上述分析，美國為了南亞和世界的和平，力求印、巴兩國放棄核武，即使有失公平，尚不無道理。然而美國有什麼辦法讓印、巴兩國放棄核武呢？過去沒有，將來可能也沒有。

參考書目

一、官方文件

U.S. Department of State Dispatch, 1990-2000.

二、書籍

(一)中文書籍

周煦，《強權競爭下的阿富汗》，台北：漢苑，民國 79 年。

周煦，《冷戰後美國的東亞政策》，台北：揚智，民國 89 年。

(二)英文書籍

Arnett, Eric. *Nuclear Weapons and Arms Control in South Asia after the Test Ban.* London: Oxford University Press, 1998.

Haass, Richard N. and Rose, Gideon. *A New U.S. Policy Toward India and Pakistan.* New York: Council on Foreign Relations, Inc., 1997.

Ganguly, Sumit. *The Crisis in Kashmir: Portents of War, Hopes of Peace*. Cambridge, U.K.: University of Cambridge Press, 1997.

Ganguly, Slivaji. *U.S. Policy Toward South Asia*. Boulder, Col: Westview Press, 1990.

Chary, M. Srinivas. *The Eagle and the Peacock: U.S. Foreign Policy toward India Since Independence*. Westport, Conn.: Greenwood Press, 1995.

McMahon, Robert J. *The Cold War on the Periphery: The United States, India and Pakistan*. New York: Columbia University Press, 1994.

Limaya, Satu P. *U.S.-Indian Relations: The Pursuit of Accommodation*. Boulder, Col.: Westview Press, 1993.

Schelling, Thomas. *The Strategy of Conflict*. New York: Oxford University Press, 1963.

三、期刊

Abmad, Sbamsbad. "The Nuclear Subcontinent" *Foreign Affairs*, 78:4(July/Aug 1999): 123-125.

Ahmed, Samina, Cortrightm, David and Mattoo, Amitabh. "Public Opinion and Nuclear Options for South Asia." *Asian Survey*, 38:8(Aug 1998): 727-744.

Akhtar Shaheen. "Nuclearisation of South Asia and the Kashmir Dispute." *Regional Studies*, 17:3(Summer 1999): 3-70.

Albright, David. "The Shots Heard 'Round The World.'" *Strategic Digest*, 23:7(July 1998): 1113-1118.

Ayoob, Mohanmmed. "Nuclear India and Indian-American Relations." *Orbis*, 43:1(Winter 1999): 59-74.

Balachandran, G. "CTBT and India." Strategic Analysis, 19:3 (June 1996): 493-506.

Bhaskar, C. Uday. "The May 1990 Nuclear 'Crisis': An Indian Perspective." *Strategic Digest,* 23:5(May 1998): 729-740.

Blank, Fonah. "Kashmir: Fundamentalism Takes Root." *Foreign Affairs*, 78:6(Nov/Dec 1999): 36-52.

Bose, Sumantra. "Kashmir: Sources of Conflict, Dimensions of Peace." *Survival,* 41:3(Autumn 1999): 149-171.

Carranza, Mario E. "Rethinking Indo-Pakistani Nuclear Relations 'Condemned to Nuclear Confrontation?' " *Asian Survey*, 36:6(June 1996): 560-573.

Chellaney, Brahma. "After the Tests: India's Options." Survival, 40:4(Winter 1998-99): 93-111.

Chellaney, Brahma. "India's Nuclear Planning, Force Structure, Doctrine and Arms Control Posture." *Australian Journal of International Affairs*, 53:1(1999): 57-69.

Cyr, Arthur. "How Important is National Security Structure to National Security Policy?" *World Affairs*, 146:2(Fall 1983): 127-175.

Dalton, Toby E. "Toward Nuclear Rollback in South Asia." *Current History*, 98:623(Dec. 1998): 412-417.

Dash, Kishore C. "Swords into Ploughshares: Challenges for Regional Cooperation in South Asia." *Asian Profile*, 23:6(Dec. 1995): 511-526.

Delpech, Therese. "Nuclear Weapons and the 'New World Order': Early Warning form Asia?" *Survival,* 40:4(Winter 1998-99): 57-76.

Dickens, David. "More Than Bombs and Border Tension: India and Regional Security." *Strategic Digest*, 23:5(May 1998): 715-728.

Dunn, Lewis A. "Rethinking the Nuclear Equation: The United States and the New Nuclear Powers." *Washington Quarterly*, 17:1(Winter 1994): 5-25.

Ejaz, Ahmad. "India-US Strategic Partnership: New Alliance System In South Asia." *Regional Studies*, 17:4(Autumn 1999):74-87.

Fetter, Steve and Hagerty, Devin T. "Nuclear Deterrence and the 1990 Indo-Pakistani Crisis." *International Security*, 20:1(Summer 1996): 176-185.

Foot, Rosemary. "Chinese-Indian Relations and the Process of Building Confidence: Implications for the Asia-Pacific." *The Pacific Review*, 9:1(1996): 58-76.

Foran, Virginia. "The Case for Indo-US High-Technology Cooperation." *Survival*, 40:2(Summer 1998): 71-95.

Fr, Joseph S. Nye. "Peering into the Future." Foreign Affairs, 73:4:82-93.

Garver, John W. "Sino-Indian Rapprochement and the Sino-Pakistan Entente." *Political Science Quarterly*, 3:2(Summer 1996): 323-347.

Graham, Thomas. "South Asia and the Future of Nuclear Non-Proliferation." *Arms Control Today*, 28:4(May 1998): 3-6.

Groves, Denise. "India and Pakistan: A Clash of Civilizations?" *The Washington Quarterly*, 21:4(Autumn 1998): 17-20.

Hagerty, Devin T. "South Asia's Big Mangs: Causes, Consequences, and Prospects" *Australian Journal of International Affairs*, 53:1(1999): 19-29.

Hamill, James. "Nuclear Brinkmanship in South Asia." *Contemporary Review*, 273:1592(September 1998): 113-119.

Heisbourg, Francois. "The Prospects for Nuclear Stability between India and Pakistan." *Survival*, 40:4(Winter 1998-99): 77-92.

Indurthy, Rathnam. "The Recurring Kashmir Crisis Since 1947 And Its Relevance to Indo-American Relations in the

Bush-Clinton Years: An Evaluation." *Asian Profile*, 24:3(June 1996): 231-251.

Jha, Prem Shankar. "Why India Went Nuclear." *World Affairs*, 2:3(Jul-Sep 1998): 80-96.

Jones, Rodney W. "Pakistan's Nuclear Posture: Arms Race Instabilities in South Asia." *Asian Affairs,* 25:2(Summer 1998): 67-87.

Kapur, Devesh and Mehta, Pratap Bhanu. "India in 1998 'The Travails of Political Fragmentation.'" *Asian Survey*, 39:1(Jan/Feb 1999): 163-176.

Karp, Aaron. "Indian Ambitions and the Limits of American Influence." *Arms Control Today*, 28:4(May 1998): 14-21.

Key, Jeffery E. "Beyond 'Tilting Both Ways': A New Post-Cold War South Asia Policy." *Asian Affairs*, 25:2(Summer 1998): 89-102.

Khan, Munir Ahmad. "Nuclearisation of South Asia and It's Regional and Global Implications." *Regional Studies*, 16:4(Autumn 1998): 3-59.

Kondapalli, Srikanth. "China's Response to Indian Nuclear Tests." *Strategic Analysis,* 21:6(June 1998): 493-498.

Lieber, Robert J. "Domestic Politics and Foreign Policy." *World Affairs*, 161:1(Summer 1998): 3-9.

Mahapatra, Chintamani. "American Approach to Sino-Pakistan

Nuclear and Missile Cooperation." *Strategic Analysis*, 21:10(Jan 1998): 1407-1416.

Malik, J. Mohan. "India goes Nuclear: Relationale, Benefits, Costs and Implications." *Contemporary Southeast Asia*, 20:2(Aug 1998): 191-214.

Malik, Mohan. "Nuclear Proliferation in Asia: The China Factor" *Australian Journal of International Affairs*, 53:1(1999): 31-41.

Manor, James and Gerald Segal. "Taking India Seriously." *Survival*, 40:2(Summer 1998): 53-70.

Matinuddin, Kamal. "Nuclearisation of South Asia Implication and Prospects." *Regional Studies,* 16:3(Summer 1998): 3-75.

Naidu, G.V.C. "India and ASEAN" Strategic Analysis, 19:11(April 1996): 65-72.

Perkovich George. "Nuclear Proliferation." Foreign Policy, Fall 1998: 12-23.

Rashid, Abmed. "The Taliban: Exporting Extremism." *Foreign Affairs*, 78:6(Nov/Dec 1999): 22-34.

Rizvi, Hasan-Askari. "Civil-Military Relations in Contemporary Pakistan." *Survival,* 40:2(Summer 1998): 96-113.

Rizvi, Hasan-Askari. "Pakistan in 1998 'The Policy under Pressure.'" *Asian Survey*, 39:1(Jan/Feb 1999): 177-190.

Shehabuddin, Elora. "Bangladesh in 1998 'Democracy on the

Ground.'" *Asian Survey*, 39:1(Jan/Feb 1999): 148-162.

Shrivastava, B.K. "Indo-America Relations: Search for a New Equation." *International Studies*, 30:2(1993): 215-230.

Singh, Faswant. "Against Nuclear Apartheid." *Foreign Affairs*, 77:5(Sep/Oct 1998): 41-52.

Srivastava, Anupam. "India's Growing Missile Ambitions." *Asian Survey*, 40:2:311-341.

Srivastava, Anupam. "Indo-Russian Military Technical Cooperation: Implications for Southern Asia." *World Affairs*, 116:4(Spring 1999): 200-210.

Subrahmanyam, K. "Nuclear India in Global Politics." World Affairs, 2:3(Jul-Sep 1998): 12-40.

Talbott, Strobe. "Dealing with the Bomb in South Asia." *Foreign Affairs*, 78:2: 110-122.

Thakur Ramesh. "Non-Compliance: Who Decides, What To Do?" *Australia Journal of International Affairs*, 53:1(1999): 71-81.

Thakur, Ramesh. "India and the United States 'A Triumph of Hope over Experience?'" *Asian Survey*, 36:6(June 1996): 574-591.

Tiwari, Chitra K. "South Asian Regionlism: Problems and Prospects." *Asian Affairs*, Summer 1985:1-22.

Walker, William. "International Nuclear Relations after the

Indian and Pakistani Test Explosions." *International Affairs*, 74:3(1998): 505-528.

Westervelt, Donald R. "Nuclear Deterrence In South Asia." *World Affairs*, 2:3(Jul-Sep 1998): 98-105.

Wills, Garry. "Bully of the Free World." Foreign Affairs, 78:2:50-59.

Wirsing, Robert G. "Pakistan's Security in the 'New World Order': Going from Bad to Worse?" *Asian Affairs*, 23:2(Summer 1996): 101-126.

Writz, James J. " Nuclear Weapons in Asia: A Report from ISA-JAIR." *International Studies Notes*, 23:2(Spring 1998): 11-16.

Yasmeen, Samina. "Pakistan's Nuclear Tests: Domestic Debate and International Determinants" *Australian Journal of International Affairs*, 53:1(1999): 43-56.

Zahra, Farah. "Pakistan's Road to a Minimum Nuclear Deterrent." *Arms Control Today,* (July/August 1999): 9-13.

Zinkin, Maurice. "India: The New Tiger." *International Relations,* 13:6(Dec 1997): 33-41.

四、報紙、雜誌

China News

China Post

Far Eastern Economic Review

International Herald Tribune

Newsweek

South Morning China Post

Taiwan News

The Japan Times

《人民日報》

《中央日報》

《中國時報》

《中華日報》

《文匯報》

《光明日報》

《自由時報》

《青年日報》

《星島日報》

《聯合報》

五、網站

http://www.adb.org/Economics/default.asp

http://www.britannica.com/bcom/eb/article/9/0,5716,44309+4+43
　　328,00.html

http://www.nrc.org/

http://www.odci.gov/cia/publications/factbook/index.html

http://www.whitehouse.gov/

http://www.worldbank.org/data/wdi/home.html

李英明、張亞中／主編　　　　　　　　　亞太研究系列 18

冷戰後美國的南亞政策

作　　者／周煦
出 版 者／生智文化事業有限公司
發 行 人／林新倫
登 記 證／局版北市業字第 677 號
地　　址／台北市新生南路三段 88 號 5 樓之 6
電　　話／(02)2366-0309
傳　　真／(02)2366-0310
　E–mail ／book3@ycrc.com.tw
網　　址／www.ycrc.com.tw
郵政劃撥／1453497-6　揚智文化事業股份有限公司
印　　刷／科樂印刷事業股份有限公司
法律顧問／北辰著作權事務所　蕭雄淋律師
　I S B N ／957-818-457-3
初版一刷／2003 年 1 月
定　　價／新臺幣 260 元

總 經 銷／揚智文化事業股份有限公司
地　　址／台北市新生南路三段 88 號 5 樓之 6
電　　話／(02)2366-0309
傳　　真／(02)2366-0310

＊本書如有缺頁、破損、裝訂錯誤，請寄回更換＊

國家圖書館出版品預行編目資料

冷戰後美國的南亞政策＝U. S. policy toward
South Asia in the post-cold war era ／ 周
煦著. -- 初版. -- 台北市：生智，2003
[民 92]
　　面；　公分. --（亞太研究系列；18）
參考書目：面

　ISBN 957-818-457-3（平裝）

　1.亞洲問題　2.美國－外交關係－亞洲

578.193　　　　　　　　　　91019392